Ivan Koesjnir

Economie van Australazië

Serie "Economie in landen"

eerst gepubliceerd: 2021
laatst bijgewerkt: 2021-02-02

Ivan Koesjnir. Economie van Australazië. Serie "Economie in landen". - 2021. - 70 pages.

Dit boek over de economie van Australazië van de jaren 1970 tot de jaren 2010. Brongegevens uit UN Data.

Grootte. In de jaren 2010 was het bruto binnenlands product van Australazië gelijk aan US$1,6 biljoen per jaar; de waarde van de landbouw was US$43,3 miljard; de waarde van de industrie was US$271,9 miljard.

Productiviteit. In de jaren 2010 bedroeg het bruto binnenlands product per hoofd van de bevolking $56.950,8, de waarde van de landbouw per hoofd $1.528,8, de waarde van de industrie per hoofd $9.601,9. Omdat de productiviteit hoger is dan het gemiddelde, wordt de economie geclassificeerd als hoog ontwikkeld.

Groei. In de jaren 2010 bedroeg de groei van het bruto binnenlands product 2,4%; de groei van de landbouw was -0,72%; de groei van de industrie was 2,4%.

Structuur. In de jaren 2010 omvatte de economie van Australazië: diensten (51,7%), industrie (18,1%), handel (11,5%), bouw (8,1%), vervoer (7,8%) en landbouw (2,9%).

Uitvoer en invoer. In de jaren 2010 was de uitvoer 1,5% hoger dan de invoer, de netto-uitvoer was gelijk aan 0,32% van het BBP.

Consumptie en reproductie. De houding van reproductie ten opzichte van de consumptie is beter dan het mondiale gemiddelde, dus het aandeel van het BBP in de wereld zal toenemen.

Serie "Economie in landen": parallel.page.link/nl

ISBN: 9798701849431

Inhoud

Part I. Grootte

	de jaren 2010
BBP	US$1,6 biljoen
Het aandeel in de wereld	2,1%
Het aandeel in Oceanië	97,2%

Hoofdstuk I. Bruto binnenlands product

Het bruto binnenlands product van Australazië steeg van US$110,5 miljard per jaar in de jaren 1970 tot US$1,6 biljoen per jaar in de jaren 2010, dat wil zeggen met US$1,5 biljoen of 14,6 keer. De verandering vond plaats op US$1,3 biljoen als gevolg van een 4,5-voudige stijging van de prijzen, en ook op US$174,6 miljard als gevolg van een 1,9-voudige toename van de productiviteit , evenals op US$77,1 miljard als gevolg van de toename van de bevolking. De gemiddelde jaarlijkse groei van het BBP is 2,9%. De minimumwaarde van het bruto binnenlands product bedroeg US$51,6 miljard in 1970. De maximumwaarde van het BBP bedroeg US$1,8 biljoen in 2012.

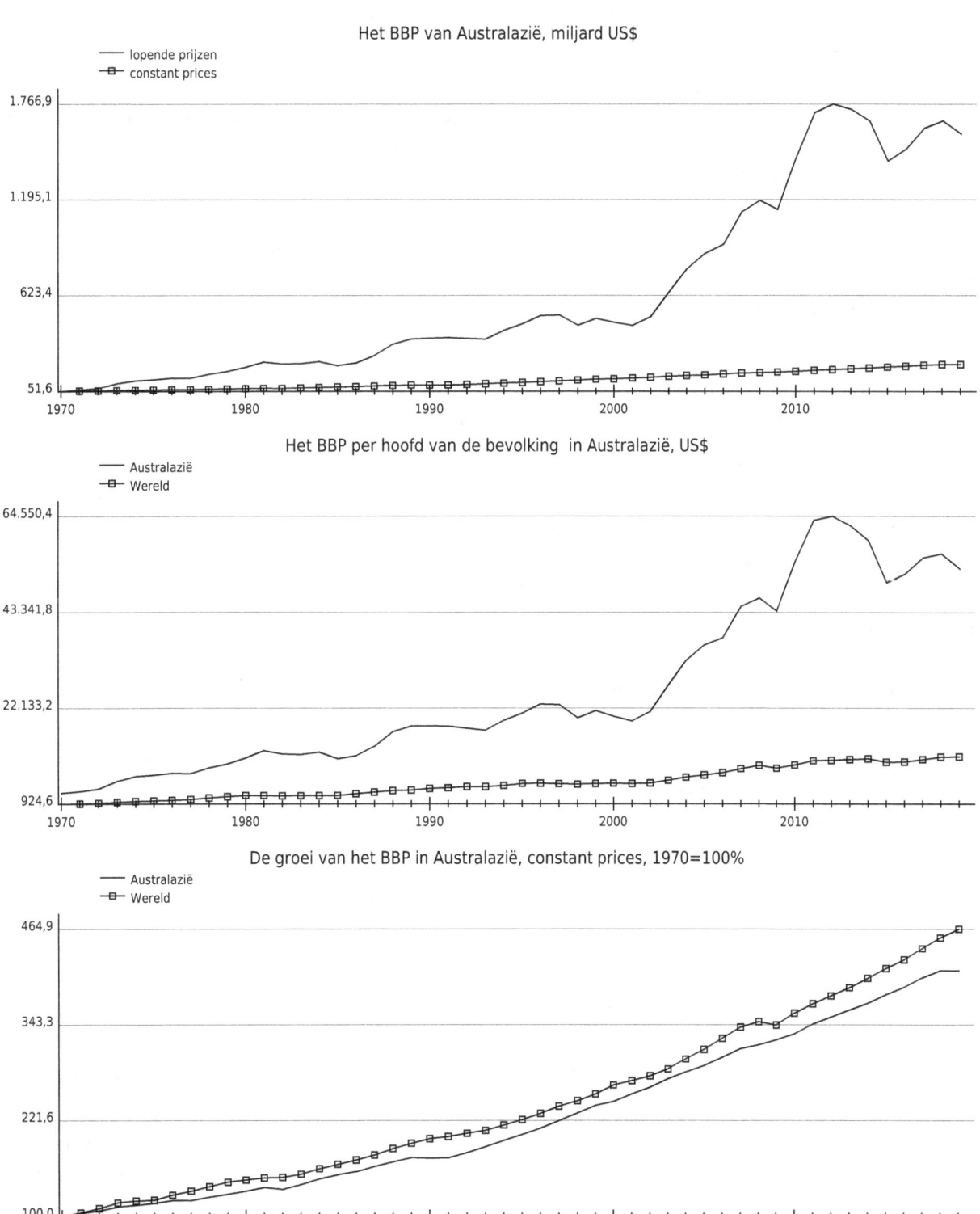

Het BBP van Australazië, miljard US$

Het BBP per hoofd van de bevolking in Australazië, US$

De groei van het BBP in Australazië, constant prices, 1970=100%

de jaren 1970

Het bruto binnenlands product van Australazië bedroeg in de jaren 1970 US$110,5 miljard per jaar, en was vergelijkbaar met West-Afrika (US$113,3 miljard). Het aandeel in de wereld was 1,7%, en 95,9% in Oceanië.

Het BBP van Australazië bestond uit: huishoudelijke uitgaven (56,4%), kapitaalvorming (27,5%) en overheidsuitgaven (16,7%).

Het BBP per hoofd in Australazië was $6.623,8 in de jaren 1970s, en was vergelijkbaar met België (US$6,5 duizend). Het BBP per hoofd in Australazië was in 4,1 keer hoger dan het bruto binnenlands product per hoofd van de bevolking in de wereld ($1.620,8), en was 22,7% hoger dan het bruto binnenlands product per hoofd van de bevolking in Oceanië ($1.620,8).

De groei van het bruto binnenlands product in Australazië bedroeg 2.8% in de jaren 1970, en was vergelijkbaar met Noord-Europa (2,8%), Luxemburg (2,8%), Oceanië (2,8%). De groei van het BBP in Australazië (2,8%) was minder dan de groei van het BBP in de wereld (4,1%), was minder dan de groei van het BBP in Oceanië (2,8%).

Vergelijking met subregio's. Het bruto binnenlands product van Australazië was groter dan in Melanesië (US$3,7 miljard), in Polynesië (US$814,4 miljoen) en in Micronesië (US$152,8 miljoen). Het BBP per hoofd in Australazië was in Australazië groter dan in Polynesië (US$2,1 duizend), in Micronesië (US$934,6) en in Melanesië (US$909,0). De groei van het BBP in Australazië was groter dan in Micronesië (2,6%) en in Melanesië (2,5%); maar minder dan in Polynesië (4,8%).

Leiders. Het BBP van Australazië in de jaren 1970 bestond uit: Australië (87,9%), Nieuw-Zeeland (12,1%). Het bruto binnenlands product per hoofd in Australazië onder de leiders: Australië ($7.112,5) en Nieuw-Zeeland ($4.414,8). De groei van het BBP onder de leiders: Australië (2,9%) en Nieuw-Zeeland (2,2%).

de jaren 1980

Het BBP van Australazië bedroeg in de jaren 1980 US$247,8 miljard per jaar, en was vergelijkbaar met Centraal-Amerika (US$244,6 miljard), Spanje (US$251,6 miljard), Zuidoost-Azië (US$252,8 miljard). Het aandeel in de wereld was 1,6%, en 96,2% in Oceanië.

Het BBP van Australazië bestond uit: huishoudelijke uitgaven (56,2%), kapitaalvorming (27,8%) en overheidsuitgaven (18,1%).

Het bruto binnenlands product per hoofd in Australazië was $13.149,5 in de jaren 1980s, en was vergelijkbaar met West-Europa (US$13,1 duizend), Koeweit (US$13,1 duizend), de Nederland (US$13,3 duizend). Het BBP per hoofd in Australazië was in 4,2 keer hoger dan het bruto binnenlands product per hoofd van de bevolking in de wereld ($3.123,4), en was 26,6% hoger dan het bruto binnenlands product per hoofd van de bevolking in Oceanië ($3.123,4).

De groei van het BBP in Australazië bedroeg 3.1% in de jaren 1980, en was vergelijkbaar met Oeganda (3,1%), Oceanië (3,1%). De groei van het bruto binnenlands product in Australazië (3,1%) was groter dan de groei van het BBP in de wereld (3,0%), was groter dan de groei van het bruto binnenlands product in Oceanië (3,1%).

Vergelijking met subregio's. Het bruto binnenlands product van Australazië was groter dan in Melanesië (US$7,1 miljard), in Polynesië (US$2,3 miljard) en in Micronesië (US$272,4 miljoen). Het bruto binnenlands product per hoofd in Australazië was in Australazië groter dan in Polynesië (US$5,1 duizend), in Melanesië (US$1.351,5) en in Micronesië (US$1.311,6). De groei van het bruto binnenlands product in Australazië was groter dan in Melanesië (2,3%) en in Micronesië (0,52%); maar minder dan in Polynesië (4,6%).

Leiders. Het BBP van Australazië in de jaren 1980 bestond uit: Australië (87,6%), Nieuw-Zeeland (12,4%). Het bruto binnenlands product per hoofd in Australazië onder de leiders: Australië ($13.928,5) en Nieuw-Zeeland ($9.416,2). De groei van het bruto binnenlands product onder de leiders: Australië (3,4%) en Nieuw-Zeeland (1,7%).

de jaren 1990

Het bruto binnenlands product van Australazië bedroeg in de jaren 1990 US$428,4 miljard per jaar. Het aandeel in de wereld was 1,5%, en 96,1% in Oceanië.

Het BBP van Australazië bestond uit: huishoudelijke uitgaven (58,0%), kapitaalvorming (24,5%) en overheidsuitgaven (18,0%).

Het BBP per hoofd in Australazië was $19.910,7 in de jaren 1990s, en was vergelijkbaar met de Bahama's (US$20,1 duizend). Het bruto binnenlands product per hoofd in Australazië was in 4,0 keer hoger dan het bruto binnenlands product per hoofd van de bevolking in de wereld ($5.020,1), en was 29,2% hoger dan het bruto binnenlands product per hoofd van de bevolking in Oceanië ($5.020,1).

De groei van het bruto binnenlands product in Australazië bedroeg 3.3% in de jaren 1990, en was vergelijkbaar met Oceanië (3,3%), Noord-Afrika (3,3%). De groei van het bruto binnenlands product in Australazië (3,3%) was groter dan de groei van het bruto binnenlands product in de wereld (2,8%), was groter dan de groei van het bruto binnenlands product in Oceanië (3,3%).

Vergelijking met subregio's. Het BBP van Australazië was groter dan in Melanesië (US$12,2 miljard), in Polynesië (US$4,5 miljard) en in Micronesië (US$508,4 miljoen). Het bruto binnenlands product per hoofd in Australazië was in Australazië groter dan in Polynesië (US$8,8 duizend), in Micronesië (US$1.962,4) en in Melanesië (US$1.835,6). De groei van het BBP in Australazië was groter dan in Polynesië (1,9%) en in Micronesië (0,77%); maar minder dan in Melanesië (3,6%).

Leiders. Het BBP van Australazië in de jaren 1990 bestond uit: Australië (87,2%), Nieuw-Zeeland (12,8%). Het bruto binnenlands product per hoofd in Australazië onder de leiders: Australië ($20.876,6) en Nieuw-Zeeland ($15.147,8). De groei van het BBP onder de leiders: Australië (3,3%) en Nieuw-Zeeland (2,9%).

de jaren 2000

Het BBP van Australazië bedroeg in de jaren 2000 US$808,3 miljard per jaar, en was vergelijkbaar met Rusland (US$794,5 miljard). Het aandeel in de wereld was 1,7%, en 97,1% in Oceanië.

Het BBP van Australazië bestond uit: huishoudelijke uitgaven (56,9%), kapitaalvorming (26,6%) en overheidsuitgaven (17,6%).

Het BBP per hoofd in Australazië was $33.291,6 in de jaren 2000s, en was vergelijkbaar met Frankrijk (US$33,4 duizend), Koeweit (US$33,0 duizend), Duitsland (US$34,0 duizend). Het bruto binnenlands product per hoofd in Australazië was in 4,6 keer hoger dan het bruto binnenlands product per hoofd van de bevolking in de wereld ($7.176,3), en was 33,3% hoger dan het bruto binnenlands product per hoofd van de bevolking in Oceanië ($7.176,3).

De groei van het bruto binnenlands product in Australazië bedroeg 3% in de jaren 2000, en was vergelijkbaar met de Wereld (3,0%), Oceanië (3,0%), Palestina (3,0%). De groei van het BBP in Australazië (3,0%) was groter dan de groei van het BBP in de wereld (3,0%), was groter dan de groei van het BBP in Oceanië (3,0%).

Vergelijking met subregio's. Het bruto binnenlands product van Australazië was groter dan in Melanesië (US$17,1 miljard), in Polynesië (US$6,3 miljard) en in Micronesië (US$693,6 miljoen). Het bruto binnenlands product per hoofd in Australazië was in Australazië groter dan in Polynesië (US$11,1 duizend), in Micronesië (US$2,5 duizend) en in Melanesië (US$2,1 duizend). De groei van het bruto binnenlands product in Australazië was groter dan in Melanesië (2,5%), in Polynesië (1,6%) en in Micronesië (0,30%).

Leiders. Het bruto binnenlands product van Australazië in de jaren 2000 bestond uit: Australië (87,9%), Nieuw-Zeeland (12,1%). Het BBP per hoofd in Australazië onder de leiders: Australië ($35.218,6) en Nieuw-Zeeland ($23.804,1). De groei van het BBP onder de leiders: Australië (3,0%) en Nieuw-Zeeland (2,9%).

de jaren 2010

Het bruto binnenlands product van Australazië bedroeg in de jaren 2010 US$1,6 biljoen per jaar. Het aandeel in de wereld was 2,1%, en 97,2% in Oceanië.

Het BBP van Australazië bestond uit: huishoudelijke uitgaven (56,8%), kapitaalvorming (25,2%) en overheidsuitgaven (18,5%).

Het bruto binnenlands product per hoofd in Australazië was $56.950,8 in de jaren 2010s, en was vergelijkbaar met Singapore (US$57,0 duizend), IJsland (US$57,5 duizend), de Verenigde Staten (US$56,2 duizend). Het bruto binnenlands product per hoofd in Australazië was in 5,4 keer hoger dan het bruto binnenlands product per hoofd van de bevolking in de wereld ($10.603,1), en was 34,8% hoger dan het bruto binnenlands product per hoofd van de bevolking in Oceanië ($10.603,1).

De groei van het bruto binnenlands product in Australazië bedroeg 2.4% in de jaren 2010, en was vergelijkbaar met Tsjechië (2,4%), Nieuw-Caledonië (2,4%). De groei van het BBP in Australazië (2,4%) was minder dan de groei van het bruto binnenlands product in de wereld (3,1%), was minder dan de groei van het bruto binnenlands product in Oceanië (2,5%).

Vergelijking met subregio's. Het bruto binnenlands product van Australazië was 43,0 keer groter dan in Melanesië (US$37,5 miljard), 215,9 keer groter dan in Polynesië (US$7,5 miljard) en 1.492,8 keer groter dan in Micronesië (US$1,1 miljard). Het bruto binnenlands product per hoofd in Australazië was in Australazië4,5 keer groter dan in Polynesië (US$12,5 duizend), 15,3 keer groter dan in Melanesië (US$3,7 duizend) en 16,0 keer groter dan in Micronesië (US$3,6 duizend). De groei van het BBP in Australazië was groter dan in Polynesië (0,90%); maar minder dan in Melanesië (4,6%) en in Micronesië (2,8%).

Leiders. Het bruto binnenlands product van Australazië in de jaren 2010 bestond uit: Australië (88,4%), Nieuw-Zeeland (11,6%). Het bruto binnenlands product per hoofd in Australazië onder de leiders: Australië ($60.077,9) en Nieuw-Zeeland ($40.763,6). De groei van het BBP onder de leiders: Nieuw-Zeeland (2,9%) en Australië (2,4%).

Hoofdstuk II. Toegevoegde waarde

De toegevoegde waarde van Australazië steeg van US$103,3 miljard per jaar in de jaren 1970 tot US$1,5 biljoen per jaar in de jaren 2010, dat wil zeggen met US$1,4 biljoen of 14,6 keer. De verandering vond plaats op US$1,1 biljoen als gevolg van een 4,2-voudige stijging van de prijzen, en ook op US$179,2 miljard als gevolg van een 2,0-voudige toename van de productiviteit , evenals op US$72,1 miljard als gevolg van de toename van de bevolking. De gemiddelde jaarlijkse groei van de toegevoegde waarde is 3,1%. De minimumwaarde van de toegevoegde waarde bedroeg US$46,2 miljard in 1970. De maximumwaarde van de toegevoegde waarde bedroeg US$1,7 biljoen in 2012.

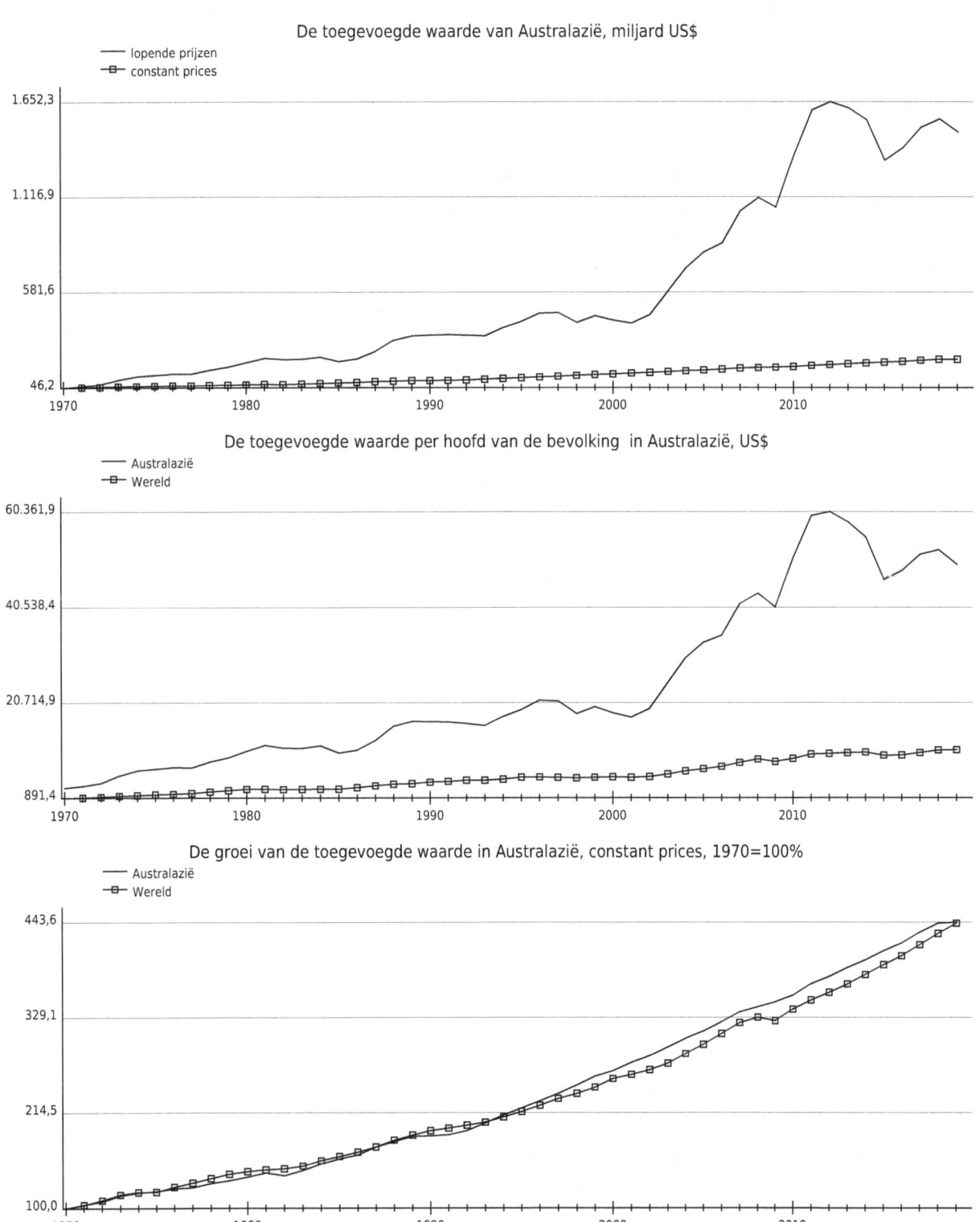

De toegevoegde waarde van Australazië, miljard US$

De toegevoegde waarde per hoofd van de bevolking in Australazië, US$

De groei van de toegevoegde waarde in Australazië, constant prices, 1970=100%

de jaren 1970

De toegevoegde waarde van Australazië bedroeg in de jaren 1970 US$103,3 miljard per jaar. Het aandeel in de wereld was 1,6%, en 95,4% in Oceanië.

De totale toegevoegde waarde van Australazië bestond uit: diensten (36,5%), industrie (28,4%), handel (11,4%), constructie (8,3%), transport (8,3%) en landbouw (7,0%).

De toegevoegde waarde per hoofd in Australazië was $6.193,3 in de jaren 1970s, en was vergelijkbaar met IJsland (US$6,2 duizend), Saoedi-Arabië (US$6,3 duizend). De toegevoegde waarde per hoofd in Australazië was in 4,0 keer hoger dan de toegevoegde waarde per hoofd van de bevolking in de wereld ($1.564,4), en was 22,1% hoger dan de toegevoegde waarde per hoofd van de bevolking in Oceanië ($1.564,4).

De groei van de toegevoegde waarde in Australazië bedroeg 3.2% in de jaren 1970, en was vergelijkbaar met Oceanië (3,2%), Burkina Faso (3,2%). De groei van de toegevoegde waarde in Australazië (3,2%) was minder dan de groei van de toegevoegde waarde in de wereld (3,9%), was minder dan de groei van de toegevoegde waarde in Oceanië (3,2%).

Vergelijking met subregio's. De toegevoegde waarde van Australazië was groter dan in Melanesië (US$4,1 miljard), in Polynesië (US$749,5 miljoen) en in Micronesië (US$149,3 miljoen). De toegevoegde waarde per hoofd in Australazië was in Australazië groter dan in Polynesië (US$1.902,9), in Melanesië (US$991,9) en in Micronesië (US$912,7). De groei van de toegevoegde waarde in Australazië was groter dan in Melanesië (3,1%) en in Micronesië (2,9%); maar minder dan in Polynesië (4,6%).

Leiders. De toegevoegde waarde van Australazië in de jaren 1970 bestond uit: Australië (87,3%), Nieuw-Zeeland (12,7%). De toegevoegde waarde per hoofd in Australazië onder de leiders: Australië ($6.606,1) en Nieuw-Zeeland ($4.326,7). De groei van de toegevoegde waarde onder de leiders: Australië (3,3%) en Nieuw-Zeeland (2,6%).

de jaren 1980

De toegevoegde waarde van Australazië bedroeg in de jaren 1980 US$232,7 miljard per jaar, en was vergelijkbaar met Mexico (US$235,4 miljard), Spanje (US$236,5 miljard), Brazilië (US$238,2 miljard). Het aandeel in de wereld was 1,6%, en 95,9% in Oceanië.

De totale toegevoegde waarde van Australazië bestond uit: diensten (40,1%), industrie (26,8%), handel (12,0%), vervoer (9,0%), constructie (7,0%) en landbouw (5,2%).

De toegevoegde waarde per hoofd in Australazië was $12.350,9 in de jaren 1980s, en was vergelijkbaar met de Nederland (US$12,2 duizend), de Bahama's (US$12,6 duizend). De toegevoegde waarde per hoofd in Australazië was in 4,1 keer hoger dan de toegevoegde waarde per hoofd van de bevolking in de wereld ($3.029,9), en was 26,1% hoger dan de toegevoegde waarde per hoofd van de bevolking in Oceanië ($3.029,9).

De groei van de toegevoegde waarde in Australazië bedroeg 3.4% in de jaren 1980, en was vergelijkbaar met Paraguay (3,4%), Chili (3,4%), Zimbabwe (3,4%). De groei van de toegevoegde waarde in Australazië (3,4%) was groter dan de groei van de toegevoegde waarde in de wereld (2,9%), was groter dan de groei van de toegevoegde waarde in Oceanië (3,4%).

Vergelijking met subregio's. De toegevoegde waarde van Australazië was groter dan in Melanesië (US$7,7 miljard), in Polynesië (US$2,1 miljard) en in Micronesië (US$271,1 miljoen). De toegevoegde waarde per hoofd in Australazië was in Australazië groter dan in Polynesië (US$4,7 duizend), in Melanesië (US$1.457,2) en in Micronesië (US$1.305,2). De groei van de toegevoegde waarde in Australazië was groter dan in Melanesië (1,9%) en in Micronesië (0,26%); maar minder dan in Polynesië (4,4%).

Leiders. De toegevoegde waarde van Australazië in de jaren 1980 bestond uit: Australië (87,4%), Nieuw-Zeeland (12,6%). De toegevoegde waarde per hoofd in Australazië onder de leiders: Australië ($13.044,0) en Nieuw-Zeeland ($9.029,3). De groei van de toegevoegde waarde onder de leiders: Australië (3,7%) en Nieuw-Zeeland (1,9%).

de jaren 1990

De toegevoegde waarde van Australazië bedroeg in de jaren 1990 US$394,8 miljard per jaar, en was vergelijkbaar met Rusland (US$392,4 miljard), Zuid-Korea (US$404,9 miljard). Het aandeel in de wereld was 1,4%, en 95,9% in Oceanië.

De totale toegevoegde waarde van Australazië bestond uit: diensten (45,3%), industrie (21,9%), handel (13,3%), transport (9,4%), constructie (6,3%) en landbouw (3,9%).

De toegevoegde waarde per hoofd in Australazië was $18.349,3 in de jaren 1990s. De toegevoegde waarde per hoofd in Australazië was in 3,8 keer hoger dan de toegevoegde waarde per hoofd van de bevolking in de wereld ($4.799,9), en was 28,8% hoger dan de toegevoegde waarde per hoofd van de bevolking in Oceanië ($4.799,9).

De groei van de toegevoegde waarde in Australazië bedroeg 3.3% in de jaren 1990, en was vergelijkbaar met Malawi (3,3%), Oceanië (3,3%), Melanesië (3,3%). De groei van de toegevoegde waarde in Australazië (3,3%) was groter dan de groei van de toegevoegde waarde in de wereld (2,7%), was groter dan de groei van de toegevoegde waarde in Oceanië (3,3%).

Vergelijking met subregio's. De toegevoegde waarde van Australazië was groter dan in Melanesië (US$12,3 miljard), in Polynesië (US$4,1 miljard) en in Micronesië (US$501,3 miljoen). De toegevoegde waarde per hoofd in Australazië was in Australazië groter dan in Polynesië (US$8,0 duizend), in Micronesië (US$1.934,8) en in Melanesië (US$1.857,0). De groei van de toegevoegde waarde in Australazië was groter dan in Polynesië (1,8%) en in Micronesië (0,47%); maar minder dan in Melanesië (3,3%).

Leiders. De toegevoegde waarde van Australazië in de jaren 1990 bestond uit: Australië (87,1%), Nieuw-Zeeland (12,9%). De toegevoegde waarde per hoofd in Australazië onder de leiders: Australië ($19.218,8) en Nieuw-Zeeland ($14.061,8). De groei van de toegevoegde waarde onder de leiders: Australië (3,4%) en Nieuw-Zeeland (2,6%).

de jaren 2000

De toegevoegde waarde van Australazië bedroeg in de jaren 2000 US$746,3 miljard per jaar, en was vergelijkbaar met Zuid-Korea (US$760,6 miljard), India (US$760,7 miljard). Het aandeel in de wereld was 1,7%, en 97,1% in Oceanië.

De totale toegevoegde waarde van Australazië bestond uit: diensten (48,4%), industrie (19,9%), handel (12,6%), transport (8,7%), constructie (7,2%) en landbouw (3,2%).

De toegevoegde waarde per hoofd in Australazië was $30.738,7 in de jaren 2000s, en was vergelijkbaar met Duitsland (US$30,7 duizend), Groenland (US$31,0 duizend), België (US$31,2 duizend). De toegevoegde waarde per hoofd in Australazië was in 4,5 keer hoger dan de toegevoegde waarde per hoofd van de bevolking in de wereld ($6.818,0), en was 33,2% hoger dan de toegevoegde waarde per hoofd van de bevolking in Oceanië ($6.818,0).

De groei van de toegevoegde waarde in Australazië bedroeg 3% in de jaren 2000, en was vergelijkbaar met Ierland (3,0%), Tuvalu (3,0%), Paraguay (3,0%). De groei van de toegevoegde waarde in Australazië (3,0%) was groter dan de groei van de toegevoegde waarde in de wereld (2,9%), was groter dan de groei van de toegevoegde waarde in Oceanië (3,0%).

Vergelijking met subregio's. De toegevoegde waarde van Australazië was groter dan in Melanesië (US$16,1 miljard), in Polynesië (US$5,7 miljard) en in Micronesië (US$656,9 miljoen). De toegevoegde waarde per hoofd in Australazië was in Australazië groter dan in Polynesië (US$10,0 duizend), in Micronesië (US$2,3 duizend) en in Melanesië (US$1.963,3). De groei van de toegevoegde waarde in Australazië was groter dan in Melanesië (2,1%), in Polynesië (1,8%) en in Micronesië (0,61%).

Leiders. De toegevoegde waarde van Australazië in de jaren 2000 bestond uit: Australië (87,9%), Nieuw-Zeeland (12,1%). De toegevoegde waarde per hoofd in Australazië onder de leiders: Australië ($32.500,0) en Nieuw-Zeeland ($22.066,7). De groei van de toegevoegde waarde onder de leiders: Australië (3,1%) en Nieuw-Zeeland (2,5%).

de jaren 2010

De toegevoegde waarde van Australazië bedroeg in de jaren 2010 US$1,5 biljoen per jaar. Het aandeel in de wereld was 2,0%, en 97,2% in Oceanië.

De totale toegevoegde waarde van Australazië bestond uit: diensten (51,7%), industrie (18,1%), handel (11,5%), bouw (8,1%), vervoer (7,8%) en landbouw (2,9%).

De toegevoegde waarde per hoofd in Australazië was $53.096,2 in de jaren 2010s, en was vergelijkbaar met Macau (US$53,8 duizend), Singapore (US$53,8 duizend). De toegevoegde waarde per hoofd in Australazië was in 5,3 keer hoger dan de toegevoegde waarde per hoofd van de bevolking in de wereld ($10.094,6), en was 34,8% hoger dan de toegevoegde waarde per hoofd van de bevolking in Oceanië ($10.094,6).

De groei van de toegevoegde waarde in Australazië bedroeg 2.5% in de jaren 2010, en was vergelijkbaar met Grenada (2,5%), Palau (2,5%), Zweden (2,5%). De groei van de toegevoegde waarde in Australazië (2,5%) was minder dan de groei van de toegevoegde waarde in de wereld (3,1%), was minder dan de groei van de toegevoegde waarde in Oceanië (2,5%).

Vergelijking met subregio's. De toegevoegde waarde van Australazië was 43,0 keer groter dan in Melanesië (US$35,0 miljard), 221,3 keer groter dan in Polynesië (US$6,8 miljard) en 1.453,4 keer groter dan in Micronesië (US$1,0 miljard). De toegevoegde waarde per hoofd in Australazië was in Australazië4,7 keer groter dan in Polynesië (US$11,4 duizend), 15,2 keer groter dan in Melanesië (US$3,5 duizend) en 15,6 keer groter dan in Micronesië (US$3,4 duizend). De groei van de toegevoegde waarde in Australazië was groter dan in Polynesië (0,93%); maar minder dan in Melanesië (4,7%) en in Micronesië (3,0%).

Leiders. De toegevoegde waarde van Australazië in de jaren 2010 bestond uit: Australië (88,6%), Nieuw-Zeeland (11,4%). De toegevoegde waarde per hoofd in Australazië onder de leiders: Australië ($56.144,5) en Nieuw-Zeeland ($37.316,8). De groei van de toegevoegde waarde onder de leiders: Nieuw-Zeeland (2,8%) en Australië (2,4%).

Hoofdstuk III. Bruto nationaal inkomen

Het BNI van Australazië steeg van US$109,5 miljard per jaar in de jaren 1970 tot US$1,6 biljoen per jaar in de jaren 2010, dat wil zeggen met US$1,5 biljoen of 14,3 keer. De verandering vond plaats op US$1,2 biljoen als gevolg van een 4,5-voudige stijging van de prijzen, en ook op US$165,9 miljard als gevolg van een 1,9-voudige toename van de productiviteit , evenals op US$76,4 miljard als gevolg van de toename van de bevolking. De gemiddelde jaarlijkse groei van het BNI is 2,9%. De minimumwaarde van het bruto nationaal inkomen bedroeg US$51,1 miljard in 1970. De maximumwaarde van het BNI bedroeg US$1,7 biljoen in 2012.

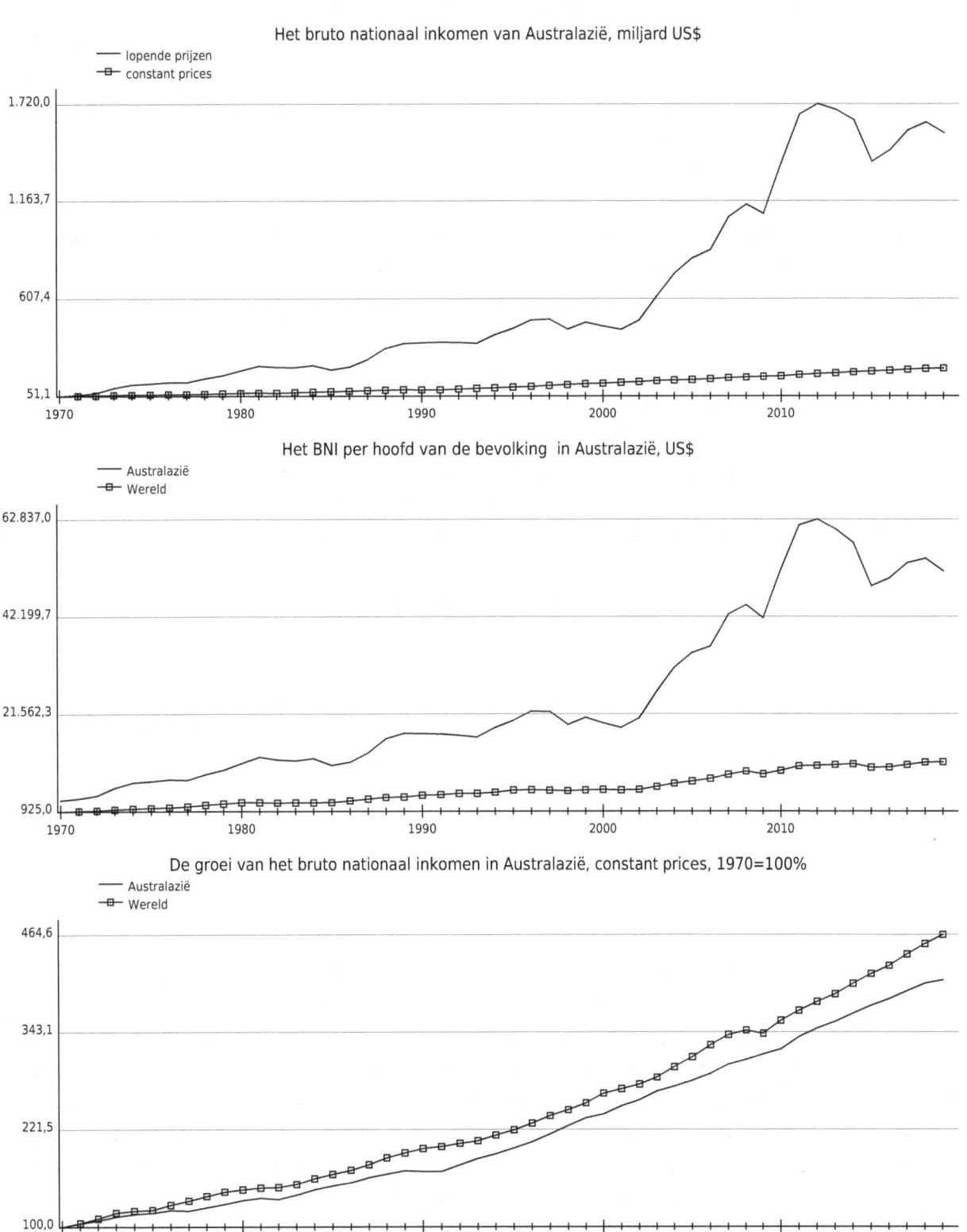

Het bruto nationaal inkomen van Australazië, miljard US$

Het BNI per hoofd van de bevolking in Australazië, US$

De groei van het bruto nationaal inkomen in Australazië, constant prices, 1970=100%

de jaren 1970

Het BNI van Australazië bedroeg in de jaren 1970 US$109,5 miljard per jaar, en was vergelijkbaar met West-Afrika (US$111,9 miljard). Het aandeel in de wereld was 1,7%, en 96,2% in Oceanië.

Het BNI per hoofd in Australazië was $6.561,9 in de jaren 1970s, en was vergelijkbaar met België (US$6,6 duizend), West-Europa (US$6,4 duizend). Het BNI per hoofd in Australazië was in 4,0 keer hoger dan het bruto nationaal inkomen per hoofd van de bevolking in de wereld ($1.624,3), en was 23,0% hoger dan het bruto nationaal inkomen per hoofd van de bevolking in Oceanië ($1.624,3).

De groei van het BNI in Australazië bedroeg 2.8% in de jaren 1970, en was vergelijkbaar met Oceanië (2,8%). De groei van het BNI in Australazië (2,8%) was minder dan de groei van het bruto nationaal inkomen in de wereld (4,1%), was groter dan de groei van het bruto nationaal inkomen in Oceanië (2,8%).

Vergelijking met subregio's. Het BNI van Australazië was groter dan in Melanesië (US$3,4 miljard), in Polynesië (US$828,3 miljoen) en in Micronesië (US$163,4 miljoen). Het bruto nationaal inkomen per hoofd in Australazië was in Australazië groter dan in Polynesië (US$2,1 duizend), in Micronesië (US$998,9) en in Melanesië (US$823,7). De groei van het bruto nationaal inkomen in Australazië was groter dan in Melanesië (2,4%); maar minder dan in Polynesië (4,7%) en in Micronesië (2,8%).

Leiders. Het bruto nationaal inkomen van Australazië in de jaren 1970 bestond uit: Australië (88,2%), Nieuw-Zeeland (11,8%). Het BNI per hoofd in Australazië onder de leiders: Australië ($7.065,4) en Nieuw-Zeeland ($4.285,5). De groei van het BNI onder de leiders: Australië (2,9%) en Nieuw-Zeeland (2,1%).

de jaren 1980

Het bruto nationaal inkomen van Australazië bedroeg in de jaren 1980 US$242,2 miljard per jaar, en was vergelijkbaar met India (US$239,6 miljard), Zuidoost-Azië (US$245,7 miljard), Spanje (US$247,9 miljard). Het aandeel in de wereld was 1,6%, en 96,4% in Oceanië.

Het bruto nationaal inkomen per hoofd in Australazië was $12.852,2 in de jaren 1980s, en was vergelijkbaar met Duitsland (US$12,8 duizend), Frankrijk (US$13,0 duizend), Noord-Europa (US$12,7 duizend). Het BNI per hoofd in Australazië was in 4,1 keer hoger dan het bruto nationaal inkomen per hoofd van de bevolking in de wereld ($3.117,1), en was 26,8% hoger dan het bruto nationaal inkomen per hoofd van de bevolking in Oceanië ($3.117,1).

De groei van het BNI in Australazië bedroeg 2.9% in de jaren 1980, en was vergelijkbaar met Oceanië (2,9%), Brazilië (2,9%). De groei van het BNI in Australazië (2,9%) was minder dan de groei van het BNI in de wereld (3,0%), was minder dan de groei van het BNI in Oceanië (2,9%).

Vergelijking met subregio's. Het BNI van Australazië was groter dan in Melanesië (US$6,4 miljard), in Polynesië (US$2,3 miljard) en in Micronesië (US$292,5 miljoen). Het BNI per hoofd in Australazië was in Australazië groter dan in Polynesië (US$5,2 duizend), in Micronesië (US$1.408,0) en in Melanesië (US$1.214,1). De groei van het bruto nationaal inkomen in Australazië was groter dan in Melanesië (2,3%) en in Micronesië (0,61%); maar minder dan in Polynesië (4,7%).

Leiders. Het bruto nationaal inkomen van Australazië in de jaren 1980 bestond uit: Australië (88,0%), Nieuw-Zeeland (12,0%). Het BNI per hoofd in Australazië onder de leiders: Australië ($13.662,7) en Nieuw-Zeeland ($8.968,4). De groei van het BNI onder de leiders: Australië (3,1%) en Nieuw-Zeeland (1,4%).

de jaren 1990

Het bruto nationaal inkomen van Australazië bedroeg in de jaren 1990 US$412,9 miljard per jaar, en was vergelijkbaar met Rusland (US$411,1 miljard), Mexico (US$407,8 miljard). Het aandeel in de wereld was 1,5%, en 96,1% in Oceanië.

Het BNI per hoofd in Australazië was $19.189,7 in de jaren 1990s, en was vergelijkbaar met de Britse Maagdeneilanden (US$19,7 duizend). Het BNI per hoofd in Australazië was in 3,8 keer hoger dan het bruto nationaal inkomen per hoofd van de bevolking in de wereld ($4.991,4), en was 29,1% hoger dan het bruto nationaal inkomen per hoofd van de bevolking in Oceanië ($4.991,4).

De groei van het BNI in Australazië bedroeg 3.3% in de jaren 1990, en was vergelijkbaar met Noord-Amerika (3,3%), Mauritanië (3,3%), Oceanië (3,3%). De groei van het bruto nationaal inkomen in Australazië (3,3%) was groter dan de groei van het BNI in de wereld (2,8%), was minder dan de groei van het bruto nationaal inkomen in Oceanië (3,3%).

Vergelijking met subregio's. Het BNI van Australazië was groter dan in Melanesië (US$11,8 miljard), in Polynesië (US$4,5 miljard) en in Micronesië (US$540,0 miljoen). Het BNI per hoofd in Australazië was in Australazië groter dan in Polynesië (US$8,9 duizend), in Micronesië (US$2,1 duizend) en in Melanesië (US$1.785,6). De groei van het BNI in Australazië was groter dan in Polynesië (1,8%) en in Micronesië (0,48%); maar minder dan in Melanesië (4,6%).

Leiders. Het bruto nationaal inkomen van Australazië in de jaren 1990 bestond uit: Australië (87,5%), Nieuw-Zeeland (12,5%). Het bruto nationaal inkomen per hoofd in Australazië onder de leiders: Australië ($20.198,3) en Nieuw-Zeeland ($14.216,1). De groei van het BNI onder de leiders: Australië (3,4%) en Nieuw-Zeeland (2,8%).

de jaren 2000

Het BNI van Australazië bedroeg in de jaren 2000 US$776,6 miljard per jaar, en was vergelijkbaar met Rusland (US$771,8 miljard). Het aandeel in de wereld was 1,7%, en 97,0% in Oceanië.

Het BNI per hoofd in Australazië was $31.988,2 in de jaren 2000s. Het BNI per hoofd in Australazië was in 4,5 keer hoger dan het bruto nationaal inkomen per hoofd van de bevolking in de wereld ($7.165,2), en was 33,1% hoger dan het bruto nationaal inkomen per hoofd van de bevolking in Oceanië ($7.165,2).

De groei van het BNI in Australazië bedroeg 3% in de jaren 2000, en was vergelijkbaar met Australië (2,9%), Bosnië en Herzegovina (3,0%), Madagaskar (3,0%). De groei van het BNI in Australazië (3,0%) was minder dan de groei van het BNI in de wereld (3,0%), was groter dan de groei van het bruto nationaal inkomen in Oceanië (2,9%).

Vergelijking met subregio's. Het bruto nationaal inkomen van Australazië was groter dan in Melanesië (US$16,7 miljard), in Polynesië (US$6,2 miljard) en in Micronesië (US$780,9 miljoen). Het bruto nationaal inkomen per hoofd in Australazië was in Australazië groter dan in Polynesië (US$11,1 duizend), in Micronesië (US$2,8 duizend) en in Melanesië (US$2,0 duizend). De groei van het BNI in Australazië was groter dan in Melanesië (2,1%), in Polynesië (1,6%) en in Micronesië (1,2%).

Leiders. Het bruto nationaal inkomen van Australazië in de jaren 2000 bestond uit: Australië (88,2%), Nieuw-Zeeland (11,8%). Het BNI per hoofd in Australazië onder de leiders: Australië ($33.938,2) en Nieuw-Zeeland ($22.387,7). De groei van het BNI onder de leiders: Nieuw-Zeeland (3,1%) en Australië (2,9%).

de jaren 2010

Het BNI van Australazië bedroeg in de jaren 2010 US$1,6 biljoen per jaar. Het aandeel in de wereld was 2,0%, en 97,2% in Oceanië.

Het bruto nationaal inkomen per hoofd in Australazië was $55.316,9 in de jaren 2010s, en was vergelijkbaar met IJsland (US$56,2 duizend), Noord-Amerika (US$56,3 duizend). Het BNI per hoofd in Australazië was in 5,2 keer hoger dan het bruto nationaal inkomen per hoofd van de bevolking in de wereld ($10.611,7), en was 34,8% hoger dan het bruto nationaal inkomen per hoofd van de bevolking in Oceanië ($10.611,7).

De groei van het bruto nationaal inkomen in Australazië bedroeg 2.6% in de jaren 2010, en was vergelijkbaar met Algerije (2,6%), Bulgarije (2,6%). De groei van het BNI in Australazië (2,6%) was minder dan de groei van het BNI in de wereld (3,1%), was minder dan de groei van het bruto nationaal inkomen in Oceanië (2,7%).

Vergelijking met subregio's. Het bruto nationaal inkomen van Australazië was 43,2 keer groter dan in Melanesië (US$36,3 miljard), 209,2 keer groter dan in Polynesië (US$7,5 miljard) en 1.182,2 keer groter dan in Micronesië (US$1,3 miljard). Het BNI per hoofd in Australazië was in Australazië4,4 keer groter dan in Polynesië (US$12,6 duizend), 12,7 keer groter dan in Micronesië (US$4,4 duizend) en 15,3 keer groter dan in Melanesië (US$3,6 duizend). De groei van het BNI in Australazië was groter dan in Polynesië (0,96%); maar minder dan in Melanesië (4,8%) en in Micronesië (3,6%).

Leiders. Het bruto nationaal inkomen van Australazië in de jaren 2010 bestond uit: Australië (88,5%), Nieuw-Zeeland (11,5%). Het bruto nationaal inkomen per hoofd in Australazië onder de leiders: Australië ($58.415,5) en Nieuw-Zeeland ($39.276,5). De groei van het BNI onder de leiders: Nieuw-Zeeland (3,1%) en Australië (2,5%).

Part II. Structuur

	de jaren 2010
landbouw	2,9%
industrie	18,1%
constructie	8,1%
handel	11,5%
vervoer	7,8%
diensten	51,7%

Hoofdstuk IV. Landbouw

Landbouw, jacht, bosbouw, vissen (ISIC A-B)

De landbouw van Australazië steeg van US$7,3 miljard per jaar in de jaren 1970 tot US$43,3 miljard per jaar in de jaren 2010, dat wil zeggen met US$36,0 miljard of 6,0 keer. De verandering vond plaats op US$26,6 miljard als gevolg van een 2,6-voudige stijging van de prijzen, en ook op US$4,4 miljard als gevolg van een 1,4-voudige toename van de productiviteit , evenals op US$5,1 miljard als gevolg van de toename van de bevolking. De gemiddelde jaarlijkse groei van de landbouw is 1,8%. De minimumwaarde van de landbouw bedroeg US$3,4 miljard in 1970. De maximumwaarde van de landbouw bedroeg US$47,6 miljard in 2013.

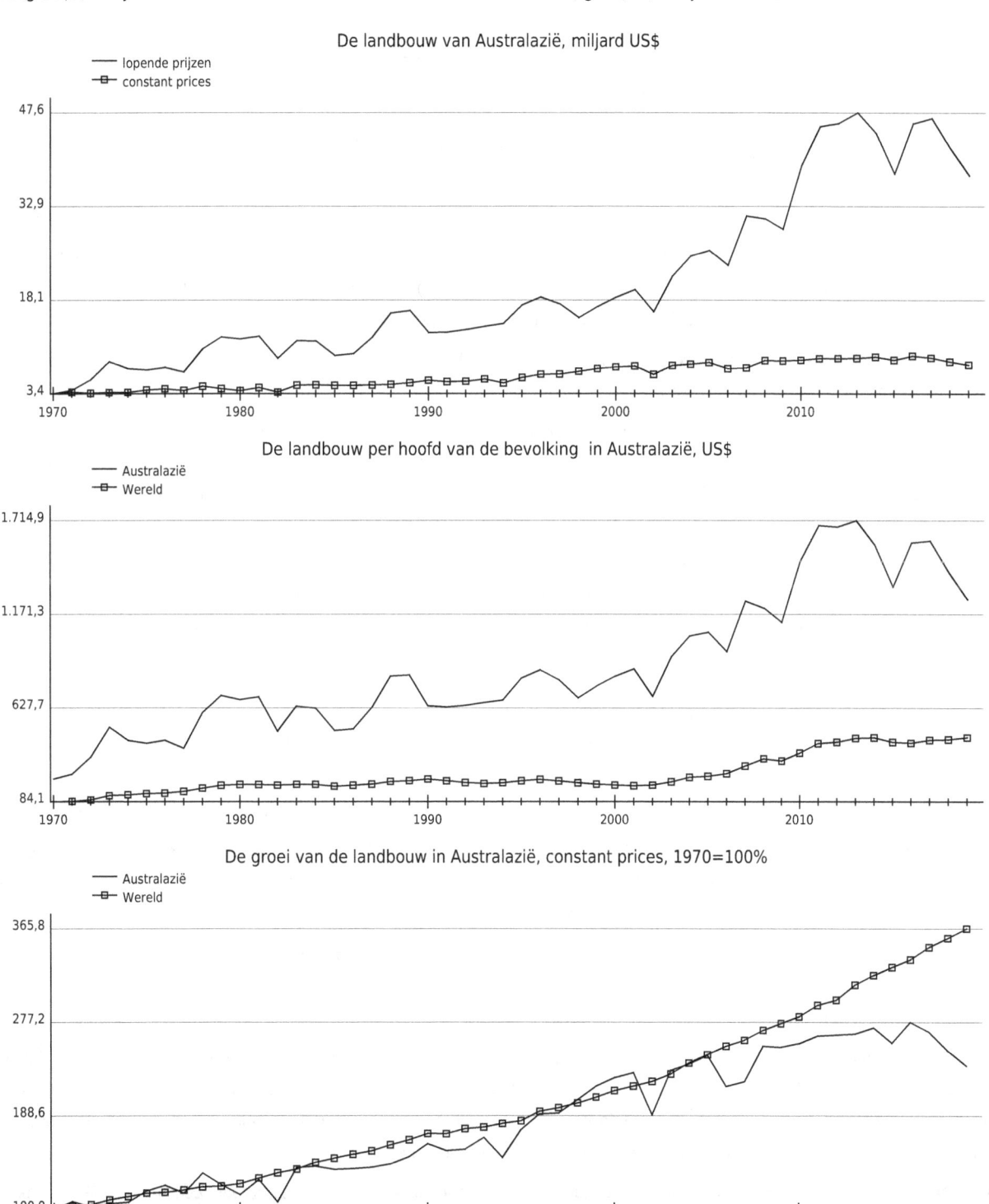

De landbouw van Australazië, miljard US$

De landbouw per hoofd van de bevolking in Australazië, US$

De groei van de landbouw in Australazië, constant prices, 1970=100%

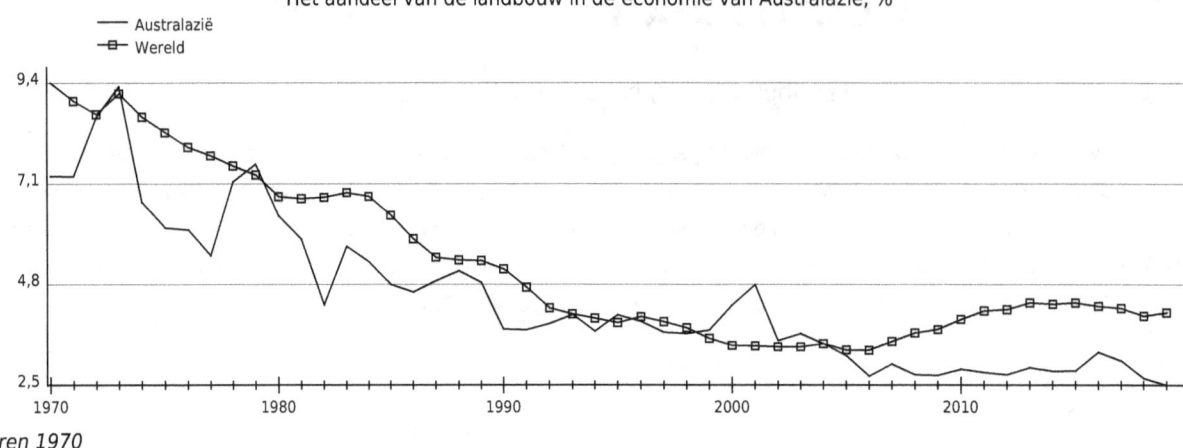

Het aandeel van de landbouw in de economie van Australazië, %

de jaren 1970

De toegevoegde waarde van de landbouw in Australazië bedroeg in de jaren 1970 US$7,3 miljard per jaar. Het aandeel in de wereld was 1,4%, en 90,2% in Oceanië.

Het aandeel van de landbouw in de economie van Australazië was 7,0% in de jaren 1970, en was vergelijkbaar met Zuid-Afrika (7,0%).

De landbouw per hoofd in Australazië was $435,8 in de jaren 1970s, en was vergelijkbaar met Ierland (US$432,3), Australië (US$430,4). De landbouw per hoofd in Australazië was in 3,4 keer hoger dan de landbouw per hoofd van de bevolking in de wereld ($127,6), en was 15,4% hoger dan de landbouw per hoofd van de bevolking in Oceanië ($127,6).

De groei van de landbouw in Australazië bedroeg 2.3% in de jaren 1970. De groei van de landbouw in Australazië (2,3%) was groter dan de groei van de landbouw in de wereld (2,2%), was minder dan de groei van de landbouw in Oceanië (2,4%).

Vergelijking met subregio's. De sector van de landbouw in Australazië was groter dan in Melanesië (US$685,6 miljoen), in Polynesië (US$76,7 miljoen) en in Micronesië (US$23,4 miljoen). De waarde van de landbouw per hoofd in Australazië was in Australazië groter dan in Polynesië (US$194,6), in Melanesië (US$167,3) en in Micronesië (US$142,9). De groei van de landbouw in Australazië was groter dan in Polynesië (1,7%); maar minder dan in Micronesië (5,8%) en in Melanesië (3,0%).

Leiders. De sector van de landbouw in Australazië in de jaren 1970 bestond uit: Australië (80,9%), Nieuw-Zeeland (19,1%). Het aandeel van de landbouw in economie van de leiders: Nieuw-Zeeland (10,6%) en Australië (6,5%). De toegevoegde waarde van de landbouw per hoofd in Australazië onder de leiders: Nieuw-Zeeland ($460,0) en Australië ($430,4). De groei van de landbouw onder de leiders: Australië (3,0%) en Nieuw-Zeeland (0,093%).

de jaren 1980

De toegevoegde waarde van de landbouw in Australazië bedroeg in de jaren 1980 US$12,1 miljard per jaar. Het aandeel in de wereld was 1,3%, en 89,2% in Oceanië.

Het aandeel van de landbouw in de economie van Australazië was 5,2% in de jaren 1980, en was vergelijkbaar met Zweden (5,2%).

De landbouw per hoofd in Australazië was $640,5 in de jaren 1980s, en was vergelijkbaar met Australië (US$633,2). De landbouw per hoofd in Australazië was in 3,4 keer hoger dan de landbouw per hoofd van de bevolking in de wereld ($186,6), en was 17,3% hoger dan de landbouw per hoofd van de bevolking in Oceanië ($186,6).

De groei van de landbouw in Australazië bedroeg 2% in de jaren 1980, en was vergelijkbaar met Centraal-Afrika (2,0%), Oceanië (2,0%). De groei van de landbouw in Australazië (2,0%) was minder dan de groei van de landbouw in de wereld (3,1%), was minder dan de groei van de landbouw in Oceanië (2,0%).

Vergelijking met subregio's. De sector van de landbouw in Australazië was groter dan in Melanesië (US$1,2 miljard), in Polynesië (US$156,3 miljoen) en in Micronesië (US$55,3 miljoen). De landbouw per hoofd in Australazië was in Australazië groter dan in Polynesië (US$344,6), in Micronesië (US$266,5) en in Melanesië (US$236,5). De groei van de landbouw in Australazië was groter dan in Melanesië (2,0%) en in Micronesië (1,9%); maar minder dan in Polynesië (2,6%).

Leiders. De sector van de landbouw in Australazië in de jaren 1980 bestond uit: Australië (81,8%), Nieuw-Zeeland (18,2%). Het aandeel van de landbouw in economie van de leiders: Nieuw-Zeeland (7,5%) en Australië (4,9%). De landbouw per hoofd in Australazië onder de leiders: Nieuw-Zeeland ($675,9) en Australië ($633,2). De groei van de landbouw onder de leiders: Nieuw-Zeeland (2,9%) en Australië (1,7%).

de jaren 1990

De waarde van de landbouw in Australazië bedroeg in de jaren 1990 US$15,4 miljard per jaar, en was vergelijkbaar met Canada (US$15,3 miljard), het Verenigd Koninkrijk (US$15,2 miljard). Het aandeel in de wereld was 1,3%, en 87,3% in Oceanië.

Het aandeel van de landbouw in de economie van Australazië was 3,9% in de jaren 1990.

De landbouw per hoofd in Australazië was $714,2 in de jaren 1990s. De waarde van de landbouw per hoofd in Australazië was in 3,6 keer hoger dan de landbouw per hoofd van de bevolking in de wereld ($199,8), en was 17,3% hoger dan de landbouw per hoofd van de bevolking in Oceanië ($199,8).

De groei van de landbouw in Australazië bedroeg 3.7% in de jaren 1990, en was vergelijkbaar met Oceanië (3,7%), Zimbabwe (3,7%), Tsjaad (3,7%). De groei van de landbouw in Australazië (3,7%) was groter dan de groei van de landbouw in de wereld (2,2%), was groter dan de groei van de landbouw in Oceanië (3,7%).

Vergelijking met subregio's. De landbouw van Australazië was groter dan in Melanesië (US$1,9 miljard), in Polynesië (US$283,4 miljoen) en in Micronesië (US$86,8 miljoen). De sector van de landbouw per hoofd in Australazië was in Australazië groter dan in Polynesië (US$556,0), in Micronesië (US$335,0) en in Melanesië (US$281,0). De groei van de landbouw in Australazië was groter dan in Polynesië (0,66%) en in Micronesië (0,37%); maar minder dan in Melanesië (4,0%).

Leiders. De landbouw van Australazië in de jaren 1990 bestond uit: Australië (77,0%), Nieuw-Zeeland (23,0%). Het aandeel van de landbouw in economie van de leiders: Nieuw-Zeeland (6,9%) en Australië (3,4%). De landbouw per hoofd in Australazië onder de leiders: Nieuw-Zeeland ($973,7) en Australië ($661,6). De groei van de landbouw onder de leiders: Australië (3,8%) en Nieuw-Zeeland (3,6%).

de jaren 2000

De waarde van de landbouw in Australazië bedroeg in de jaren 2000 US$24,2 miljard per jaar. Het aandeel in de wereld was 1,6%, en 90,3% in Oceanië.

Het aandeel van de landbouw in de economie van Australazië was 3,2% in de jaren 2000, en was vergelijkbaar met de Caraïben (3,2%), Polen (3,2%).

De waarde van de landbouw per hoofd in Australazië was $998,8 in de jaren 2000s. De landbouw per hoofd in Australazië was in 4,2 keer hoger dan de landbouw per hoofd van de bevolking in de wereld ($240,3), en was 23,9% hoger dan de landbouw per hoofd van de bevolking in Oceanië ($240,3).

De groei van de landbouw in Australazië bedroeg 1.6% in de jaren 2000. De groei van de landbouw in Australazië (1,6%) was minder dan de groei van de landbouw in de wereld (3,0%), was groter dan de groei van de landbouw in Oceanië (1,5%).

Vergelijking met subregio's. De landbouw van Australazië was groter dan in Melanesië (US$2,2 miljard), in Polynesië (US$274,2 miljoen) en in Micronesië (US$105,4 miljoen). De toegevoegde waarde van de landbouw per hoofd in Australazië was in Australazië groter dan in Polynesië (US$486,1), in Micronesië (US$374,6) en in Melanesië (US$273,0). De groei van de landbouw in Australazië was groter dan in Melanesië (1,4%), in Micronesië (1,1%) en in Polynesië (-2,6%).

Leiders. De waarde van de landbouw in Australazië in de jaren 2000 bestond uit: Australië (77,2%), Nieuw-Zeeland (22,8%). Het aandeel van de landbouw in economie van de leiders: Nieuw-Zeeland (6,1%) en Australië (2,9%). De toegevoegde waarde van de landbouw per hoofd in Australazië onder de leiders: Nieuw-Zeeland ($1.347,2) en Australië ($928,0). De groei van de landbouw onder de leiders: Australië (1,9%) en Nieuw-Zeeland (0,36%).

de jaren 2010

De toegevoegde waarde van de landbouw in Australazië bedroeg in de jaren 2010 US$43,3 miljard per jaar, en was vergelijkbaar met Iran (US$43,7 miljard), Frankrijk (US$42,3 miljard). Het aandeel in de wereld was 1,4%, en 88,8% in Oceanië.

Het aandeel van de landbouw in de economie van Australazië was 2,9% in de jaren 2010, en was vergelijkbaar met Spanje (2,9%).

De landbouw per hoofd in Australazië was $1.528,8 in de jaren 2010s. De waarde van de landbouw per hoofd in Australazië was in 3,5 keer hoger dan de landbouw per hoofd van de bevolking in de wereld ($432,1), en was 23,1% hoger dan de landbouw per hoofd van de bevolking in Oceanië ($432,1).

De groei van de landbouw in Australazië bedroeg -0.7% in de jaren 2010. De groei van de landbouw in Australazië (-0,72%) was minder dan de groei van de landbouw in de wereld (2,9%), was minder dan de groei van de landbouw in Oceanië (-0,30%).

Vergelijking met subregio's. De waarde van de landbouw in Australazië was 8,7 keer groter dan in Melanesië (US$5,0 miljard), 126,3 keer groter dan in Polynesië (US$342,7 miljoen) en 242,4 keer groter dan in Micronesië (US$178,6 miljoen). De waarde van de landbouw per hoofd in Australazië was in Australazië2,6 keer groter dan in Micronesië (US$587,6), 2,7 keer groter dan in Polynesië (US$574,9) en 3,1 keer groter dan in Melanesië (US$493,3). De groei van de landbouw in Australazië was minder dan in Melanesië (2,9%), in Micronesië (2,3%) en in Polynesië (-0,36%).

Leiders. De sector van de landbouw in Australazië in de jaren 2010 bestond uit: Australië (75,5%), Nieuw-Zeeland (24,5%). Het aandeel van de landbouw in economie van de leiders: Nieuw-Zeeland (6,2%) en Australië (2,5%). De sector van de landbouw per hoofd in Australazië onder de leiders: Nieuw-Zeeland ($2.309,6) en Australië ($1.378,0). De groei van de landbouw onder de leiders: Nieuw-Zeeland (1,8%) en Australië (-1,4%).

Hoofdstuk V. Industrie

Mijnbouw, productie, nutsbedrijven (ISIC C-E)

De waarde van de industrie in Australazië steeg van US$29,4 miljard per jaar in de jaren 1970 tot US$271,9 miljard per jaar in de jaren 2010, dat wil zeggen met US$242,5 miljard of 9,3 keer. De verandering vond plaats op US$197,5 miljard als gevolg van een 3,7-voudige stijging van de prijzen, en ook op US$24,6 miljard als gevolg van een 1,5-voudige toename van de productiviteit , evenals op US$20,5 miljard als gevolg van de toename van de bevolking. De gemiddelde jaarlijkse groei van de industrie is 2,5%. De minimumwaarde van de industrie bedroeg US$14,0 miljard in 1970. De maximumwaarde van de industrie bedroeg US$313,1 miljard in 2011.

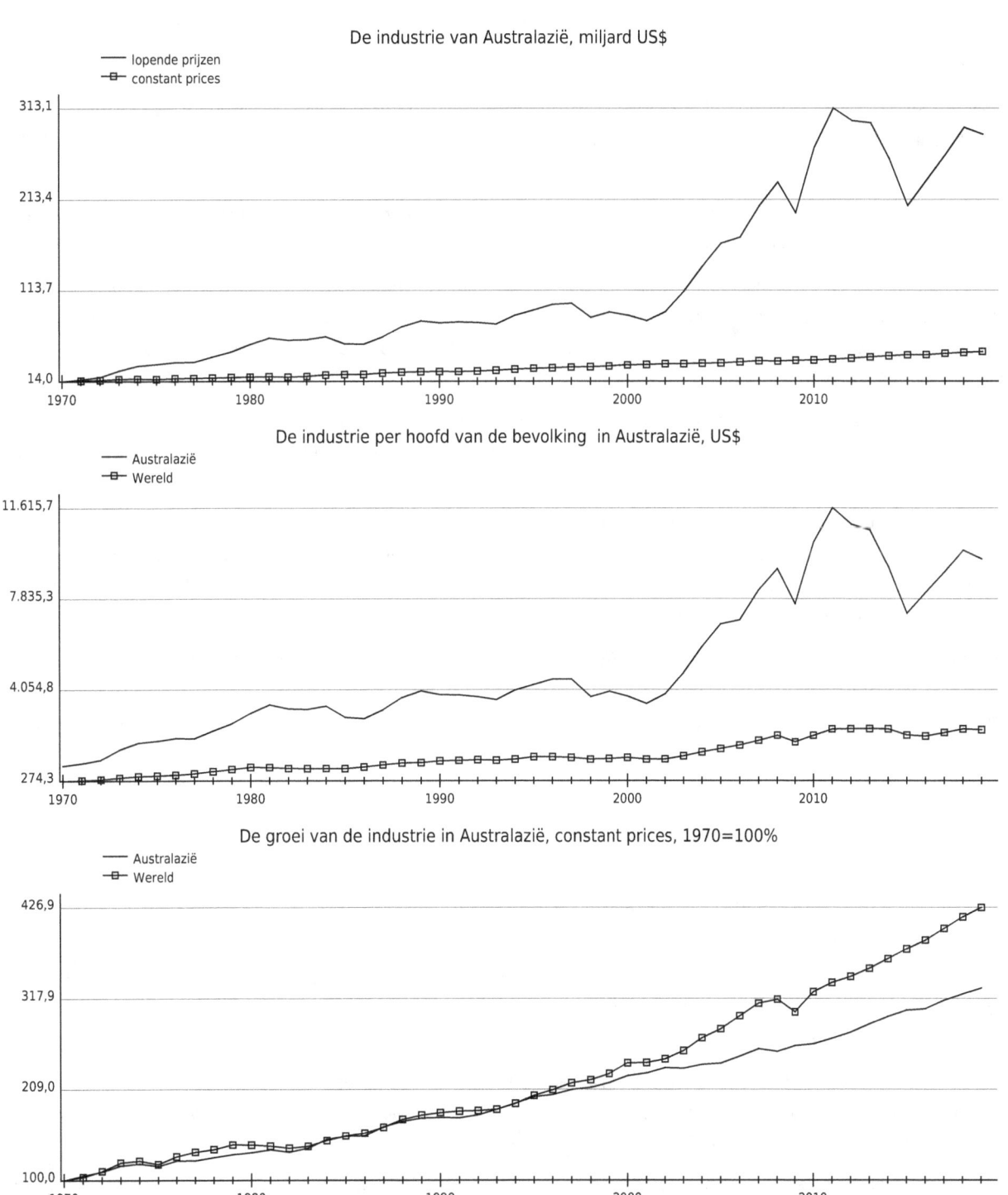

De industrie van Australazië, miljard US$

De industrie per hoofd van de bevolking in Australazië, US$

De groei van de industrie in Australazië, constant prices, 1970=100%

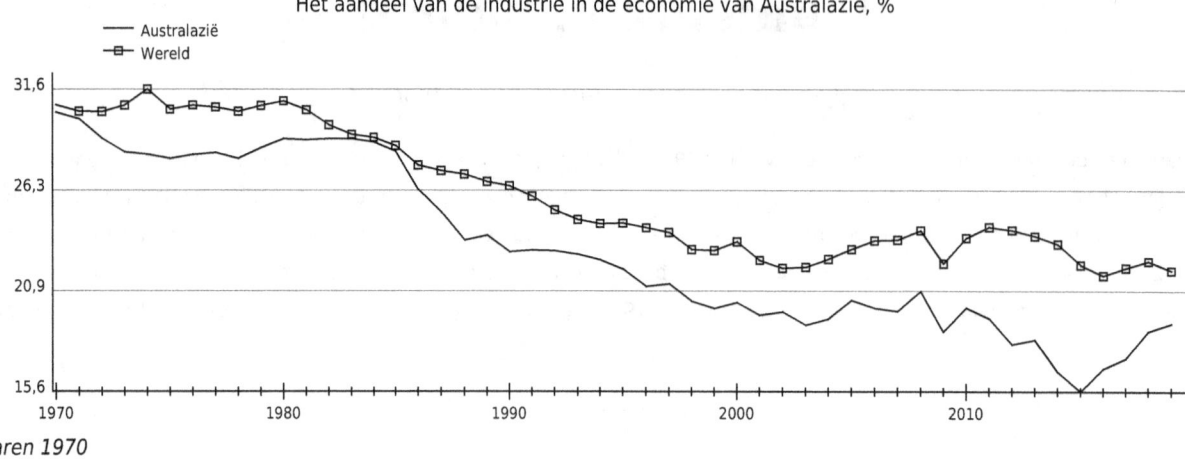

Het aandeel van de industrie in de economie van Australazië, %

de jaren 1970

De waarde van de industrie in Australazië bedroeg in de jaren 1970 US$29,4 miljard per jaar, en was vergelijkbaar met Centraal-Amerika (US$29,0 miljard), Spanje (US$29,8 miljard), West-Afrika (US$29,9 miljard). Het aandeel in de wereld was 1,5%, en 97,4% in Oceanië.

Het aandeel van de industrie in de economie van Australazië was 28,4% in de jaren 1970, en was vergelijkbaar met Australië (28,4%), Zimbabwe (28,6%), Nieuw-Zeeland (28,6%).

De sector van de industrie per hoofd in Australazië was $1.761,4 in de jaren 1970s, en was vergelijkbaar met West-Europa (US$1.757,8), Noorwegen (US$1.781,0), Bahrein (US$1.733,6). De sector van de industrie per hoofd in Australazië was in 3,7 keer hoger dan de industrie per hoofd van de bevolking in de wereld ($480,5), en was 24,6% hoger dan de industrie per hoofd van de bevolking in Oceanië ($480,5).

De groei van de industrie in Australazië bedroeg 3% in de jaren 1970, en was vergelijkbaar met Guinee (3,0%). De groei van de industrie in Australazië (3,0%) was minder dan de groei van de industrie in de wereld (4,0%), was groter dan de groei van de industrie in Oceanië (3,0%).

Vergelijking met subregio's. De waarde van de industrie in Australazië was groter dan in Melanesië (US$672,9 miljoen), in Polynesië (US$65,8 miljoen) en in Micronesië (US$34,4 miljoen). De waarde van de industrie per hoofd in Australazië was in Australazië groter dan in Micronesië (US$210,5), in Polynesië (US$167,1) en in Melanesië (US$164,2). De groei van de industrie in Australazië was groter dan in Polynesië (2,4%) en in Melanesië (1,3%); maar minder dan in Micronesië (3,5%).

Leiders. De industrie van Australazië in de jaren 1970 bestond uit: Australië (87,3%), Nieuw-Zeeland (12,7%). Het aandeel van de industrie in economie van de leiders: Nieuw-Zeeland (28,6%) en Australië (28,4%). De industrie per hoofd in Australazië onder de leiders: Australië ($1.877,2) en Nieuw-Zeeland ($1.238,0). De groei van de industrie onder de leiders: Nieuw-Zeeland (3,2%) en Australië (3,0%).

de jaren 1980

De industrie van Australazië bedroeg in de jaren 1980 US$62,4 miljard per jaar, en was vergelijkbaar met Spanje (US$62,9 miljard), Oceanië (US$63,7 miljard). Het aandeel in de wereld was 1,5%, en 97,9% in Oceanië.

Het aandeel van de industrie in de economie van Australazië was 26,8% in de jaren 1980, en was vergelijkbaar met Italië (26,7%), Zimbabwe (26,9%), Singapore (26,9%).

De waarde van de industrie per hoofd in Australazië was $3.311,0 in de jaren 1980s, en was vergelijkbaar met West-Europa (US$3,3 duizend), Bahrein (US$3,2 duizend). De waarde van de industrie per hoofd in Australazië was in 3,8 keer hoger dan de industrie per hoofd van de bevolking in de wereld ($861,8), en was 28,7% hoger dan de industrie per hoofd van de bevolking in Oceanië ($861,8).

De groei van de industrie in Australazië bedroeg 2.9% in de jaren 1980, en was vergelijkbaar met de FS van Micronesië (2,9%), Marokko (2,9%), Centraal-Amerika (2,9%). De groei van de industrie in Australazië (2,9%) was groter dan de groei van de industrie in de wereld (2,3%), was groter dan de groei van de industrie in Oceanië (2,9%).

Vergelijking met subregio's. De toegevoegde waarde van de industrie in Australazië was groter dan in Melanesië (US$1,1 miljard), in

Polynesië (US$201,9 miljoen) en in Micronesië (US$19,4 miljoen). De sector van de industrie per hoofd in Australazië was in Australazië groter dan in Polynesië (US$445,3), in Melanesië (US$214,9) en in Micronesië (US$93,2). De groei van de industrie in Australazië was groter dan in Melanesië (2,1%) en in Micronesië (-11,2%); maar minder dan in Polynesië (3,8%).

Leiders. De waarde van de industrie in Australazië in de jaren 1980 bestond uit: Australië (87,0%), Nieuw-Zeeland (13,0%). Het aandeel van de industrie in economie van de leiders: Nieuw-Zeeland (27,7%) en Australië (26,7%). De waarde van de industrie per hoofd in Australazië onder de leiders: Australië ($3.479,6) en Nieuw-Zeeland ($2.503,1). De groei van de industrie onder de leiders: Australië (3,3%) en Nieuw-Zeeland (1,4%).

de jaren 1990

De toegevoegde waarde van de industrie in Australazië bedroeg in de jaren 1990 US$86,3 miljard per jaar. Het aandeel in de wereld was 1,3%, en 97,0% in Oceanië.

Het aandeel van de industrie in de economie van Australazië was 21,9% in de jaren 1990, en was vergelijkbaar met Spanje (21,8%), Bhutan (21,9%), Kazachstan (21,8%).

De waarde van de industrie per hoofd in Australazië was $4.009,8 in de jaren 1990s. De industrie per hoofd in Australazië was in 3,4 keer hoger dan de industrie per hoofd van de bevolking in de wereld ($1.175,6), en was 30,4% hoger dan de industrie per hoofd van de bevolking in Oceanië ($1.175,6).

De groei van de industrie in Australazië bedroeg 2.2% in de jaren 1990, en was vergelijkbaar met Botswana (2,2%), Noord-Afrika (2,2%). De groei van de industrie in Australazië (2,2%) was minder dan de groei van de industrie in de wereld (2,5%), was minder dan de groei van de industrie in Oceanië (2,3%).

Vergelijking met subregio's. De toegevoegde waarde van de industrie in Australazië was groter dan in Melanesië (US$2,2 miljard), in Polynesië (US$392,8 miljoen) en in Micronesië (US$29,0 miljoen). De toegevoegde waarde van de industrie per hoofd in Australazië was in Australazië groter dan in Polynesië (US$770,7), in Melanesië (US$334,4) en in Micronesië (US$111,8). De groei van de industrie in Australazië was groter dan in Polynesië (0,84%) en in Micronesië (-0,11%); maar minder dan in Melanesië (5,4%).

Leiders. De sector van de industrie in Australazië in de jaren 1990 bestond uit: Australië (86,5%), Nieuw-Zeeland (13,5%). Het aandeel van de industrie in economie van de leiders: Nieuw-Zeeland (22,9%) en Australië (21,7%). De sector van de industrie per hoofd in Australazië onder de leiders: Australië ($4.169,8) en Nieuw-Zeeland ($3.220,7). De groei van de industrie onder de leiders: Australië (2,3%) en Nieuw-Zeeland (1,5%).

de jaren 2000

De waarde van de industrie in Australazië bedroeg in de jaren 2000 US$148,3 miljard per jaar. Het aandeel in de wereld was 1,4%, en 97,4% in Oceanië.

Het aandeel van de industrie in de economie van Australazië was 19,9% in de jaren 2000, en was vergelijkbaar met Oceanië (19,8%), Australië (20,0%), België (20,0%).

De waarde van de industrie per hoofd in Australazië was $6.110,2 in de jaren 2000s, en was vergelijkbaar met België (US$6,2 duizend). De toegevoegde waarde van de industrie per hoofd in Australazië was in 3,9 keer hoger dan de industrie per hoofd van de bevolking in de wereld ($1.573,8), en was 33,7% hoger dan de industrie per hoofd van de bevolking in Oceanië ($1.573,8).

De groei van de industrie in Australazië bedroeg 1.9% in de jaren 2000, en was vergelijkbaar met Liechtenstein (1,9%), Israël (1,9%). De groei van de industrie in Australazië (1,9%) was minder dan de groei van de industrie in de wereld (2,9%), was groter dan de groei van de industrie in Oceanië (1,8%).

Vergelijking met subregio's. De waarde van de industrie in Australazië was groter dan in Melanesië (US$3,4 miljard), in Polynesië (US$490,9 miljoen) en in Micronesië (US$31,8 miljoen). De waarde van de industrie per hoofd in Australazië was in Australazië groter dan in Polynesië (US$870,2), in Melanesië (US$411,7) en in Micronesië (US$113,0). De groei van de industrie in Australazië was groter dan in Polynesië (0,25%), in Melanesië (-0,33%) en in Micronesië (-0,53%).

Leiders. De industrie van Australazië in de jaren 2000 bestond uit: Australië (88,2%), Nieuw-Zeeland (11,8%). Het aandeel van de industrie in economie van de leiders: Australië (20,0%) en Nieuw-Zeeland (19,3%). De industrie per hoofd in Australazië onder de leiders: Australië ($6.485,8) en Nieuw-Zeeland ($4.261,1). De groei van de industrie onder de leiders: Australië (2,0%) en

Nieuw-Zeeland (0,90%).

de jaren 2010

De industrie van Australazië bedroeg in de jaren 2010 US$271,9 miljard per jaar. Het aandeel in de wereld was 1,6%, en 97,2% in Oceanië.

Het aandeel van de industrie in de economie van Australazië was 18,1% in de jaren 2010, en was vergelijkbaar met Brazilië (18,1%), Oceanië (18,1%), Pakistan (18,2%).

De toegevoegde waarde van de industrie per hoofd in Australazië was $9.601,9 in de jaren 2010s, en was vergelijkbaar met Oostenrijk (US$9,6 duizend), Zweden (US$9,5 duizend), Denemarken (US$9,4 duizend). De sector van de industrie per hoofd in Australazië was in 4,1 keer hoger dan de industrie per hoofd van de bevolking in de wereld ($2.320,9), en was 34,7% hoger dan de industrie per hoofd van de bevolking in Oceanië ($2.320,9).

De groei van de industrie in Australazië bedroeg 2.4% in de jaren 2010, en was vergelijkbaar met Aruba (2,4%), West-Europa (2,4%). De groei van de industrie in Australazië (2,4%) was minder dan de groei van de industrie in de wereld (3,5%), was minder dan de groei van de industrie in Oceanië (2,6%).

Vergelijking met subregio's. De industrie van Australazië was 37,5 keer groter dan in Melanesië (US$7,3 miljard), 469,8 keer groter dan in Polynesië (US$578,7 miljoen) en 3.244,6 keer groter dan in Micronesië (US$83,8 miljoen). De sector van de industrie per hoofd in Australazië was in Australazië9,9 keer groter dan in Polynesië (US$970,8), 13,3 keer groter dan in Melanesië (US$722,6) en 34,8 keer groter dan in Micronesië (US$275,7). De groei van de industrie in Australazië was groter dan in Polynesië (0,44%); maar minder dan in Melanesië (8,4%) en in Micronesië (5,6%).

Leiders. De sector van de industrie in Australazië in de jaren 2010 bestond uit: Australië (89,7%), Nieuw-Zeeland (10,3%). Het aandeel van de industrie in economie van de leiders: Australië (18,3%) en Nieuw-Zeeland (16,3%). De toegevoegde waarde van de industrie per hoofd in Australazië onder de leiders: Australië ($10.280,9) en Nieuw-Zeeland ($6.087,1). De groei van de industrie onder de leiders: Australië (2,6%) en Nieuw-Zeeland (1,3%).

Hoofdstuk 5.1. Fabricage

(ISIC D)

De sector van de fabricage in Australazië steeg van US$21,4 miljard per jaar in de jaren 1970 tot US$109,3 miljard per jaar in de jaren 2010, dat wil zeggen met US$87,9 miljard of 5,1 keer. De verandering vond plaats op US$76,5 miljard als gevolg van een 3,3-voudige stijging van de prijzen, en ook op -US$3,5 miljard als gevolg van een 1,1-voudige afname van de productiviteit , evenals op US$14,9 miljard als gevolg van de toename van de bevolking. De gemiddelde jaarlijkse groei van de fabricage is 1,1%. De minimumwaarde van de fabricage bedroeg US$11,0 miljard in 1970. De maximumwaarde van de fabricage bedroeg US$127,2 miljard in 2011.

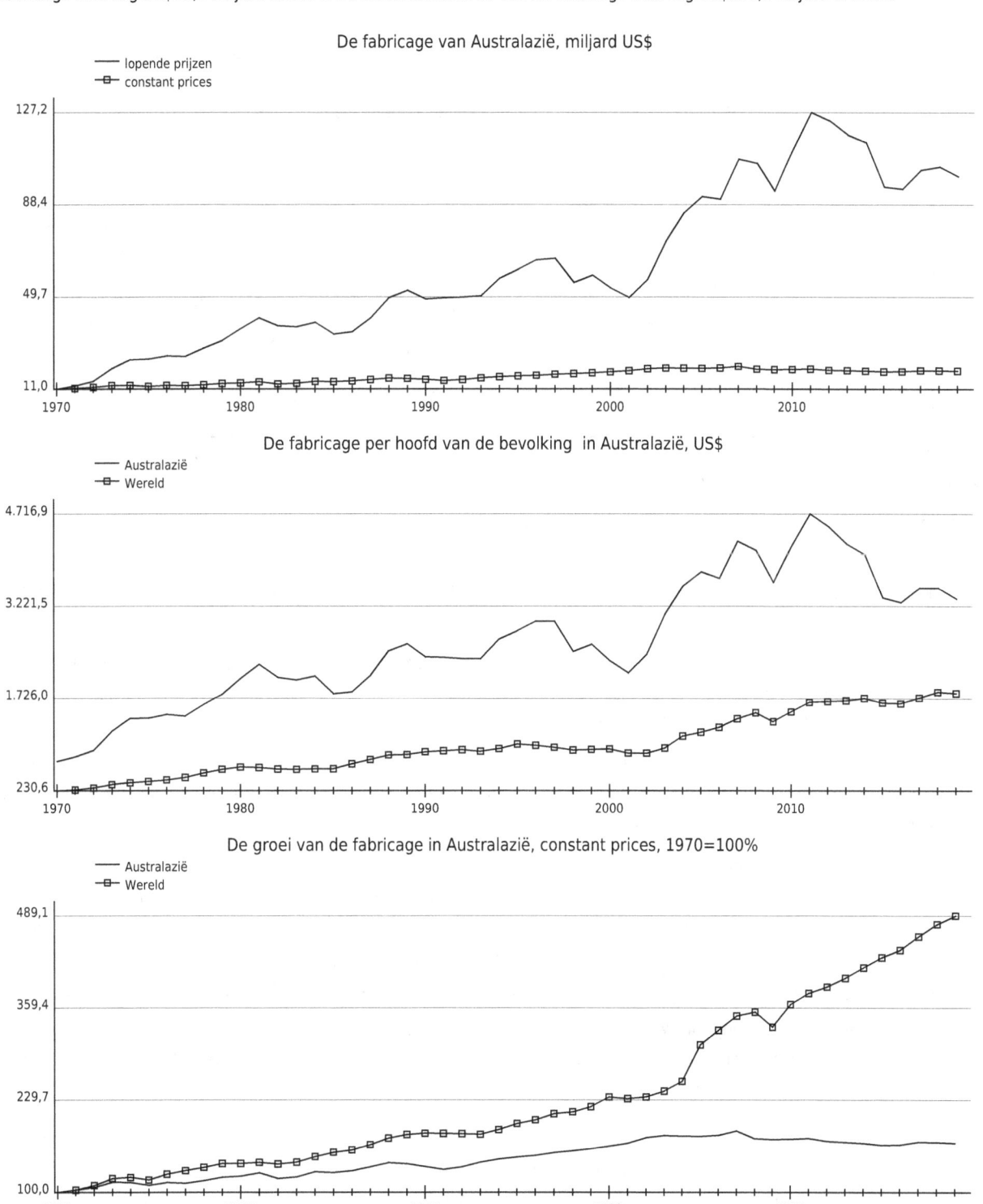

De fabricage van Australazië, miljard US$

De fabricage per hoofd van de bevolking in Australazië, US$

De groei van de fabricage in Australazië, constant prices, 1970=100%

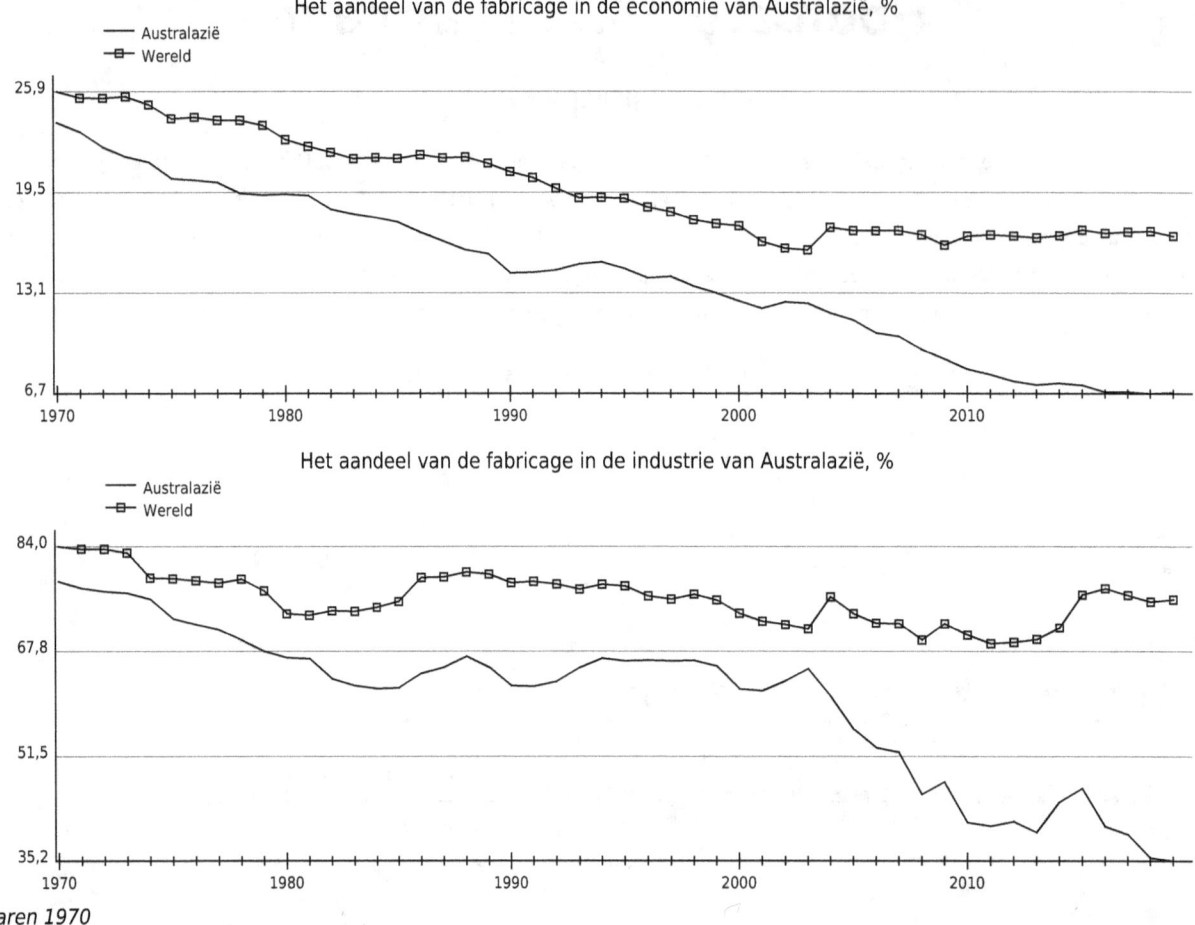

de jaren 1970

De toegevoegde waarde van de fabricage in Australazië bedroeg in de jaren 1970 US$21,4 miljard per jaar, en was vergelijkbaar met Oceanië (US$21,8 miljard). Het aandeel in de wereld was 1,4%, en 98,1% in Oceanië.

Het aandeel van de fabricage in de economie van Australazië was 20,7% in de jaren 1970, en was vergelijkbaar met Azië (20,6%), Israël (20,7%).

De waarde van de fabricage per hoofd in Australazië was $1.281,1 in de jaren 1970s, en was vergelijkbaar met Finland (US$1.271,2), Noorwegen (US$1.264,9). De waarde van de fabricage per hoofd in Australazië was in 3,3 keer hoger dan de fabricage per hoofd van de bevolking in de wereld ($383,2), en was 25,5% hoger dan de fabricage per hoofd van de bevolking in Oceanië ($383,2).

De groei van de fabricage in Australazië bedroeg 2.1% in de jaren 1970, en was vergelijkbaar met Equatoriaal-Guinea (2,2%). De groei van de fabricage in Australazië (2,1%) was minder dan de groei van de fabricage in de wereld (3,8%), was groter dan de groei van de fabricage in Oceanië (2,1%).

Vergelijking met subregio's. De toegevoegde waarde van de fabricage in Australazië was groter dan in Melanesië (US$351,8 miljoen), in Polynesië (US$55,1 miljoen) en in Micronesië (US$1,6 miljoen). De sector van de fabricage per hoofd in Australazië was in Australazië groter dan in Polynesië (US$140,0), in Melanesië (US$85,8) en in Micronesië (US$9,5). De groei van de fabricage in Australazië was groter dan in Melanesië (-0,17%); maar minder dan in Micronesië (5,6%) en in Polynesië (2,3%).

Leiders. De fabricage van Australazië in de jaren 1970 bestond uit: Australië (84,7%), Nieuw-Zeeland (15,3%). Het aandeel van de fabricage in economie van de leiders: Nieuw-Zeeland (25,0%) en Australië (20,1%). De fabricage per hoofd in Australazië onder de leiders: Australië ($1.324,7) en Nieuw-Zeeland ($1.083,8). De groei van de fabricage onder de leiders: Nieuw-Zeeland (2,6%) en Australië (2,0%).

de jaren 1980

De sector van de fabricage in Australazië bedroeg in de jaren 1980 US$40,3 miljard per jaar, en was vergelijkbaar met Oceanië (US$41,1 miljard). Het aandeel in de wereld was 1,3%, en 98,1% in Oceanië.

Het aandeel van de fabricage in de economie van Australazië was 17,3% in de jaren 1980, en was vergelijkbaar met Kenia (17,3%), Jordanië (17,4%), Brunei (17,4%).

De fabricage per hoofd in Australazië was $2.138,5 in de jaren 1980s, en was vergelijkbaar met de Verenigde Arabische Emiraten (US$2,1 duizend), Australië (US$2,1 duizend), Noorwegen (US$2,2 duizend). De sector van de fabricage per hoofd in Australazië was in 3,2 keer hoger dan de fabricage per hoofd van de bevolking in de wereld ($661,2), en was 29,1% hoger dan de fabricage per hoofd van de bevolking in Oceanië ($661,2).

De groei van de fabricage in Australazië bedroeg 1.5% in de jaren 1980, en was vergelijkbaar met Jamaica (1,5%). De groei van de fabricage in Australazië (1,5%) was minder dan de groei van de fabricage in de wereld (2,6%), was minder dan de groei van de fabricage in Oceanië (1,5%).

Vergelijking met subregio's. De waarde van de fabricage in Australazië was groter dan in Melanesië (US$586,5 miljoen), in Polynesië (US$171,0 miljoen) en in Micronesië (US$4,2 miljoen). De waarde van de fabricage per hoofd in Australazië was in Australazië groter dan in Polynesië (US$377,2), in Melanesië (US$111,2) en in Micronesië (US$20,3). De groei van de fabricage in Australazië was groter dan in Micronesië (1,3%); maar minder dan in Melanesië (4,7%) en in Polynesië (3,1%).

Leiders. De waarde van de fabricage in Australazië in de jaren 1980 bestond uit: Australië (83,1%), Nieuw-Zeeland (16,9%). Het aandeel van de fabricage in economie van de leiders: Nieuw-Zeeland (23,1%) en Australië (16,5%). De waarde van de fabricage per hoofd in Australazië onder de leiders: Australië ($2.148,9) en Nieuw-Zeeland ($2.088,5). De groei van de fabricage onder de leiders: Australië (1,7%) en Nieuw-Zeeland (0,68%).

de jaren 1990

De sector van de fabricage in Australazië bedroeg in de jaren 1990 US$56,2 miljard per jaar, en was vergelijkbaar met Turkije (US$56,3 miljard), Zwitserland (US$56,8 miljard), Oceanië (US$57,4 miljard). Het aandeel in de wereld was 1,1%, en 97,8% in Oceanië.

Het aandeel van de fabricage in de economie van Australazië was 14,2% in de jaren 1990, en was vergelijkbaar met Vietnam (14,3%), Togo (14,1%), Mozambique (14,1%).

De sector van de fabricage per hoofd in Australazië was $2.611,8 in de jaren 1990s, en was vergelijkbaar met Australië (US$2,6 duizend), Brunei (US$2,6 duizend), Zuid-Europa (US$2,6 duizend). De waarde van de fabricage per hoofd in Australazië was in 2,9 keer hoger dan de fabricage per hoofd van de bevolking in de wereld ($908,4), en was 31,5% hoger dan de fabricage per hoofd van de bevolking in Oceanië ($908,4).

De groei van de fabricage in Australazië bedroeg 1.4% in de jaren 1990, en was vergelijkbaar met Sao Tomé en Principe (1,4%), IJsland (1,4%). De groei van de fabricage in Australazië (1,4%) was minder dan de groei van de fabricage in de wereld (2,0%), was groter dan de groei van de fabricage in Oceanië (1,3%).

Vergelijking met subregio's. De sector van de fabricage in Australazië was groter dan in Melanesië (US$937,6 miljoen), in Polynesië (US$289,1 miljoen) en in Micronesië (US$9,2 miljoen). De waarde van de fabricage per hoofd in Australazië was in Australazië groter dan in Polynesië (US$567,1), in Melanesië (US$141,5) en in Micronesië (US$35,4). De groei van de fabricage in Australazië was groter dan in Micronesië (0,89%), in Polynesië (-0,25%) en in Melanesië (-2,6%).

Leiders. De waarde van de fabricage in Australazië in de jaren 1990 bestond uit: Australië (83,3%), Nieuw-Zeeland (16,7%). Het aandeel van de fabricage in economie van de leiders: Nieuw-Zeeland (18,4%) en Australië (13,6%). De waarde van de fabricage per hoofd in Australazië onder de leiders: Australië ($2.616,2) en Nieuw-Zeeland ($2.590,1). De groei van de fabricage onder de leiders: Australië (1,4%) en Nieuw-Zeeland (1,3%).

de jaren 2000

De waarde van de fabricage in Australazië bedroeg in de jaren 2000 US$80,8 miljard per jaar, en was vergelijkbaar met de Nederland (US$79,6 miljard), Indonesië (US$82,2 miljard), Oceanië (US$82,6 miljard). Het aandeel in de wereld was 1,1%, en 97,8% in Oceanië.

Het aandeel van de fabricage in de economie van Australazië was 10,8% in de jaren 2000, en was vergelijkbaar met Belize (10,8%), Noord-Macedonië (10,8%), Georgië (10,8%).

De sector van de fabricage per hoofd in Australazië was $3.328,6 in de jaren 2000s, en was vergelijkbaar met Zuid-Europa (US$3,3 duizend), Australië (US$3,4 duizend), Spanje (US$3,4 duizend). De toegevoegde waarde van de fabricage per hoofd in Australazië was in 2,9 keer hoger dan de fabricage per hoofd van de bevolking in de wereld ($1.138,1), en was 34,2% hoger dan de fabricage per hoofd van de bevolking in Oceanië ($1.138,1).

De groei van de fabricage in Australazië bedroeg 0.8% in de jaren 2000, en was vergelijkbaar met Haïti (0,78%), Oceanië (0,79%). De groei van de fabricage in Australazië (0,79%) was minder dan de groei van de fabricage in de wereld (4,2%), was minder dan de groei van de fabricage in Oceanië (0,79%).

Vergelijking met subregio's. De sector van de fabricage in Australazië was groter dan in Melanesië (US$1,4 miljard), in Polynesië (US$354,8 miljoen) en in Micronesië (US$14,5 miljoen). De fabricage per hoofd in Australazië was in Australazië groter dan in Polynesië (US$629,0), in Melanesië (US$176,8) en in Micronesië (US$51,4). De groei van de fabricage in Australazië was groter dan in Polynesië (-0,74%); maar minder dan in Micronesië (3,7%) en in Melanesië (1,4%).

Leiders. De waarde van de fabricage in Australazië in de jaren 2000 bestond uit: Australië (83,7%), Nieuw-Zeeland (16,3%). Het aandeel van de fabricage in economie van de leiders: Nieuw-Zeeland (14,6%) en Australië (10,3%). De waarde van de fabricage per hoofd in Australazië onder de leiders: Australië ($3.352,2) en Nieuw-Zeeland ($3.212,0). De groei van de fabricage onder de leiders: Australië (0,93%) en Nieuw-Zeeland (0,15%).

de jaren 2010

De sector van de fabricage in Australazië bedroeg in de jaren 2010 US$109,3 miljard per jaar, en was vergelijkbaar met Oceanië (US$111,8 miljard). Het aandeel in de wereld was 0,88%, en 97,8% in Oceanië.

Het aandeel van de fabricage in de economie van Australazië was 7,3% in de jaren 2010, en was vergelijkbaar met Congo (7,3%), Oceanië (7,2%), Saint Kitts en Nevis (7,3%).

De sector van de fabricage per hoofd in Australazië was $3.858,6 in de jaren 2010s, en was vergelijkbaar met Bahrein (US$3,9 duizend), Europa (US$3,9 duizend), het Verenigd Koninkrijk (US$3,9 duizend). De toegevoegde waarde van de fabricage per hoofd in Australazië was in 2,3 keer hoger dan de fabricage per hoofd van de bevolking in de wereld ($1.697,4), en was 35,5% hoger dan de fabricage per hoofd van de bevolking in Oceanië ($1.697,4).

De groei van de fabricage in Australazië bedroeg -0.3% in de jaren 2010, en was vergelijkbaar met Argentinië (-0,30%). De groei van de fabricage in Australazië (-0,30%) was minder dan de groei van de fabricage in de wereld (3,9%), was minder dan de groei van de fabricage in Oceanië (-0,27%).

Vergelijking met subregio's. De sector van de fabricage in Australazië was 52,4 keer groter dan in Melanesië (US$2,1 miljard), 283,0 keer groter dan in Polynesië (US$386,2 miljoen) en 2.742,7 keer groter dan in Micronesië (US$39,8 miljoen). De toegevoegde waarde van de fabricage per hoofd in Australazië was in Australazië6,0 keer groter dan in Polynesië (US$647,8), 18,6 keer groter dan in Melanesië (US$207,8) en 29,4 keer groter dan in Micronesië (US$131,1). De groei van de fabricage in Australazië was minder dan in Micronesië (4,4%), in Melanesië (1,2%) en in Polynesië (0,078%).

Leiders. De waarde van de fabricage in Australazië in de jaren 2010 bestond uit: Australië (81,9%), Nieuw-Zeeland (18,1%). Het aandeel van de fabricage in economie van de leiders: Nieuw-Zeeland (11,6%) en Australië (6,7%). De waarde van de fabricage per hoofd in Australazië onder de leiders: Nieuw-Zeeland ($4.320,8) en Australië ($3.769,3). De groei van de fabricage onder de leiders: Nieuw-Zeeland (1,9%) en Australië (-0,84%).

Hoofdstuk VI. Constructie

(ISIC F)

De sector van de constructie in Australazië steeg van US$8,6 miljard per jaar in de jaren 1970 tot US$121,1 miljard per jaar in de jaren 2010, dat wil zeggen met US$112,5 miljard of 14,1 keer. De verandering vond plaats op US$91,1 miljard als gevolg van een 4,0-voudige stijging van de prijzen, en ook op US$15,4 miljard als gevolg van een 2,1-voudige toename van de productiviteit , evenals op US$6,0 miljard als gevolg van de toename van de bevolking. De gemiddelde jaarlijkse groei van de constructie is 2,8%. De minimumwaarde van de constructie bedroeg US$4,0 miljard in 1970. De maximumwaarde van de constructie bedroeg US$137,2 miljard in 2012.

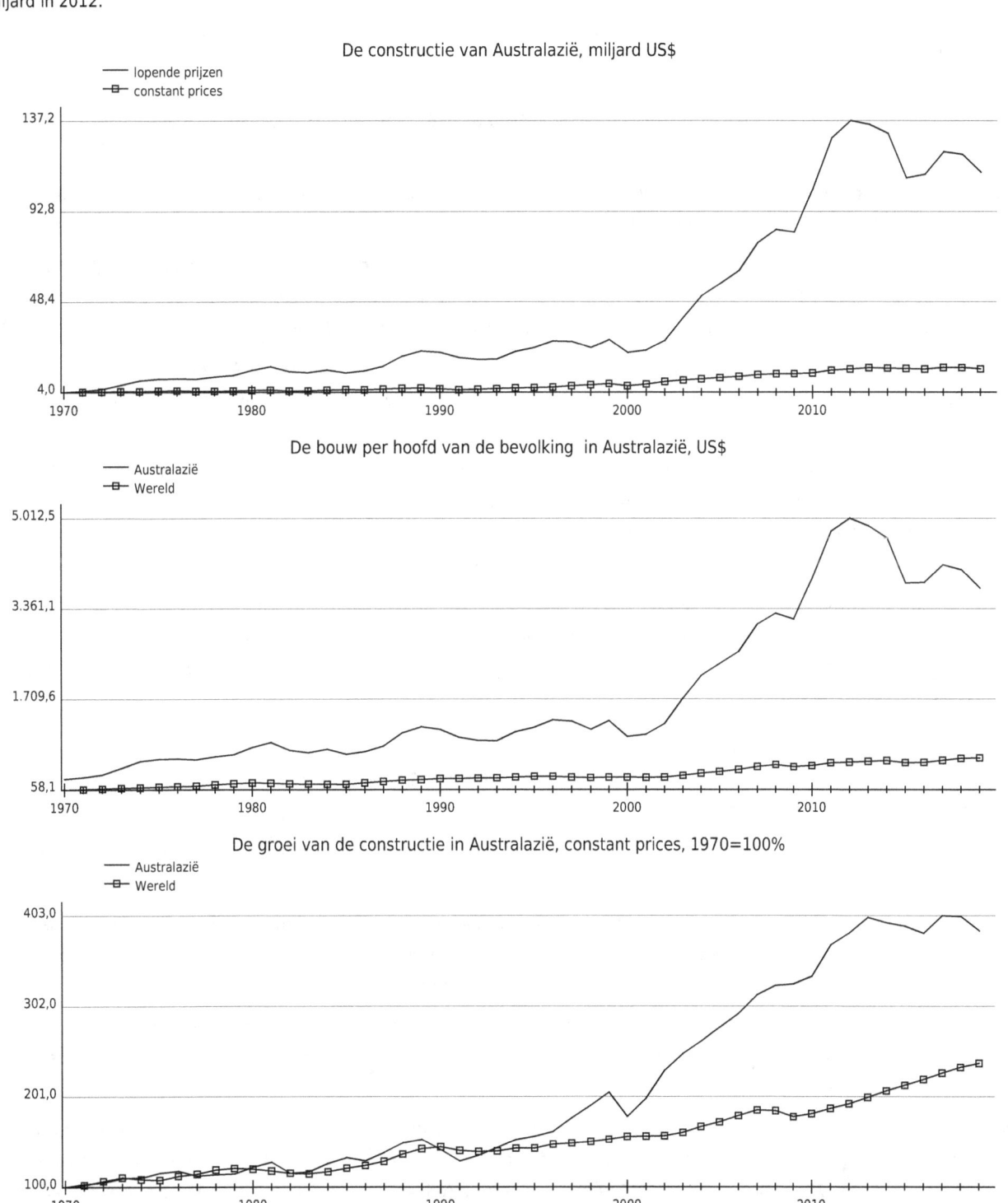

De constructie van Australazië, miljard US$

De bouw per hoofd van de bevolking in Australazië, US$

De groei van de constructie in Australazië, constant prices, 1970=100%

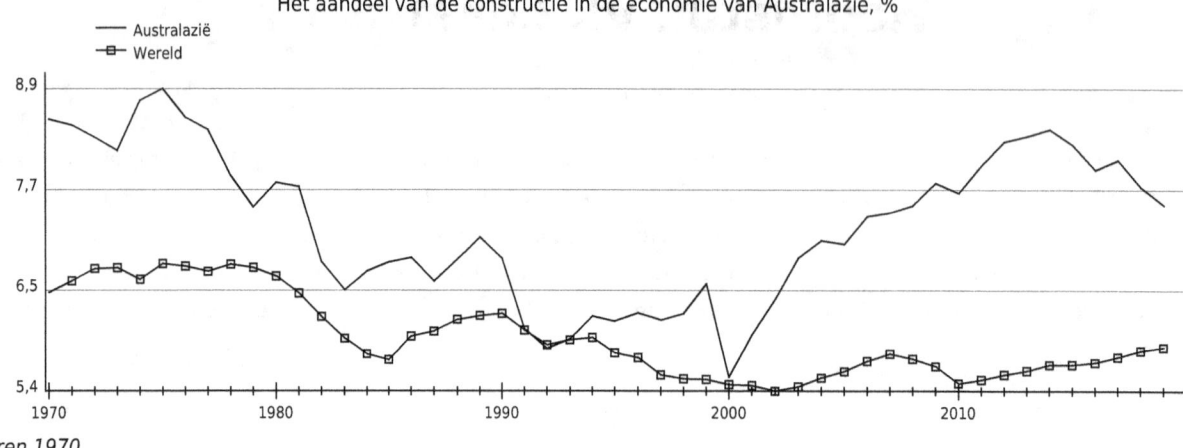

Het aandeel van de constructie in de economie van Australazië, %

de jaren 1970

De waarde van de constructie in Australazië bedroeg in de jaren 1970 US$8,6 miljard per jaar. Het aandeel in de wereld was 2,0%, en 96,9% in Oceanië.

Het aandeel van de constructie in de economie van Australazië was 8,3% in de jaren 1970, en was vergelijkbaar met Oost-Europa (8,3%), Saint Vincent en de Grenadines (8,3%), Saint Kitts en Nevis (8,3%).

De waarde van de constructie per hoofd in Australazië was $514,8 in de jaren 1970s, en was vergelijkbaar met Zweden (US$525,9). De waarde van de constructie per hoofd in Australazië was in 4,9 keer hoger dan de constructie per hoofd van de bevolking in de wereld ($106,1), en was 23,9% hoger dan de constructie per hoofd van de bevolking in Oceanië ($106,1).

De groei van de constructie in Australazië bedroeg 1.5% in de jaren 1970, en was vergelijkbaar met Amerika (1,5%). De groei van de constructie in Australazië (1,5%) was minder dan de groei van de constructie in de wereld (2,1%), was minder dan de groei van de constructie in Oceanië (1,7%).

Vergelijking met subregio's. De waarde van de constructie in Australazië was groter dan in Melanesië (US$210,6 miljoen), in Polynesië (US$54,6 miljoen) en in Micronesië (US$10,4 miljoen). De waarde van de constructie per hoofd in Australazië was in Australazië groter dan in Polynesië (US$138,5), in Micronesië (US$63,3) en in Melanesië (US$51,4). De groei van de constructie in Australazië was minder dan in Polynesië (8,9%), in Melanesië (7,3%) en in Micronesië (4,7%).

Leiders. De constructie van Australazië in de jaren 1970 bestond uit: Australië (89,6%), Nieuw-Zeeland (10,4%). Het aandeel van de constructie in economie van de leiders: Australië (8,5%) en Nieuw-Zeeland (6,8%). De sector van de constructie per hoofd in Australazië onder de leiders: Australië ($563,4) en Nieuw-Zeeland ($295,1). De groei van de constructie onder de leiders: Australië (1,8%) en Nieuw-Zeeland (-0,15%).

de jaren 1980

De waarde van de constructie in Australazië bedroeg in de jaren 1980 US$16,3 miljard per jaar, en was vergelijkbaar met Brazilië (US$16,4 miljard). Het aandeel in de wereld was 1,8%, en 97,4% in Oceanië.

Het aandeel van de constructie in de economie van Australazië was 7,0% in de jaren 1980, en was vergelijkbaar met Saint Vincent en de Grenadines (7,1%), Azië (7,0%), Turkije (7,1%).

De waarde van de constructie per hoofd in Australazië was $867,7 in de jaren 1980s, en was vergelijkbaar met Luxemburg (US$866,0), Bahrein (US$862,3). De sector van de constructie per hoofd in Australazië was in 4,7 keer hoger dan de constructie per hoofd van de bevolking in de wereld ($186,2), en was 28,1% hoger dan de constructie per hoofd van de bevolking in Oceanië ($186,2).

De groei van de constructie in Australazië bedroeg 2.9% in de jaren 1980, en was vergelijkbaar met de Federale Staten van Micronesië (2,9%). De groei van de constructie in Australazië (2,9%) was groter dan de groei van de constructie in de wereld (1,7%), was groter dan de groei van de constructie in Oceanië (2,8%).

Vergelijking met subregio's. De sector van de constructie in Australazië was groter dan in Melanesië (US$262,1 miljoen), in Polynesië (US$150,9 miljoen) en in Micronesië (US$23,0 miljoen). De sector van de constructie per hoofd in Australazië was in Australazië groter dan in Polynesië (US$332,7), in Micronesië (US$110,8) en in Melanesië (US$49,7). De groei van de constructie in Australazië was groter dan in Micronesië (0,66%), in Melanesië (-0,054%) en in Polynesië (-0,63%).

Leiders. De sector van de constructie in Australazië in de jaren 1980 bestond uit: Australië (90,1%), Nieuw-Zeeland (9,9%). Het aandeel van de constructie in economie van de leiders: Australië (7,2%) en Nieuw-Zeeland (5,5%). De bouw per hoofd in Australazië onder de leiders: Australië ($945,2) en Nieuw-Zeeland ($496,3). De groei van de constructie onder de leiders: Australië (3,0%) en Nieuw-Zeeland (2,1%).

de jaren 1990

De waarde van de constructie in Australazië bedroeg in de jaren 1990 US$24,8 miljard per jaar, en was vergelijkbaar met Afrika (US$24,5 miljard). Het aandeel in de wereld was 1,6%, en 97,2% in Oceanië.

Het aandeel van de constructie in de economie van Australazië was 6,3% in de jaren 1990, en was vergelijkbaar met Laos (6,3%), Thailand (6,2%), Liechtenstein (6,2%).

De toegevoegde waarde van de constructie per hoofd in Australazië was $1.150,8 in de jaren 1990s, en was vergelijkbaar met België (US$1.146,5), Noorwegen (US$1.143,1), Frankrijk (US$1.158,8). De bouw per hoofd in Australazië was in 4,1 keer hoger dan de constructie per hoofd van de bevolking in de wereld ($278,6), en was 30,6% hoger dan de constructie per hoofd van de bevolking in Oceanië ($278,6).

De groei van de constructie in Australazië bedroeg 3% in de jaren 1990, en was vergelijkbaar met Oceanië (3,0%). De groei van de constructie in Australazië (3,0%) was groter dan de groei van de constructie in de wereld (0,71%), was minder dan de groei van de constructie in Oceanië (3,0%).

Vergelijking met subregio's. De toegevoegde waarde van de constructie in Australazië was groter dan in Melanesië (US$487,3 miljoen), in Polynesië (US$186,9 miljoen) en in Micronesië (US$32,3 miljoen). De bouw per hoofd in Australazië was in Australazië groter dan in Polynesië (US$366,7), in Micronesië (US$124,5) en in Melanesië (US$73,6). De groei van de constructie in Australazië was groter dan in Polynesië (0,69%) en in Micronesië (0,076%); maar minder dan in Melanesië (4,6%).

Leiders. De waarde van de constructie in Australazië in de jaren 1990 bestond uit: Australië (90,9%), Nieuw-Zeeland (9,1%). Het aandeel van de constructie in economie van de leiders: Australië (6,5%) en Nieuw-Zeeland (4,4%). De constructie per hoofd in Australazië onder de leiders: Australië ($1.258,3) en Nieuw-Zeeland ($620,7). De groei van de constructie onder de leiders: Australië (3,2%) en Nieuw-Zeeland (1,8%).

de jaren 2000

De sector van de constructie in Australazië bedroeg in de jaren 2000 US$53,4 miljard per jaar. Het aandeel in de wereld was 2,2%, en 97,5% in Oceanië.

Het aandeel van de constructie in de economie van Australazië was 7,2% in de jaren 2000, en was vergelijkbaar met Bangladesh (7,2%), Oceanië (7,1%), Equatoriaal-Guinea (7,1%).

De sector van de constructie per hoofd in Australazië was $2.199,5 in de jaren 2000s, en was vergelijkbaar met Denemarken (US$2,2 duizend), Anguilla (US$2,2 duizend), het Verenigd Koninkrijk (US$2,2 duizend). De sector van de constructie per hoofd in Australazië was in 5,8 keer hoger dan de constructie per hoofd van de bevolking in de wereld ($381,3), en was 33,7% hoger dan de constructie per hoofd van de bevolking in Oceanië ($381,3).

De groei van de constructie in Australazië bedroeg 4.7% in de jaren 2000, en was vergelijkbaar met Litouwen (4,8%). De groei van de constructie in Australazië (4,7%) was groter dan de groei van de constructie in de wereld (1,5%), was minder dan de groei van de constructie in Oceanië (4,8%).

Vergelijking met subregio's. De bouw van Australazië was groter dan in Melanesië (US$1,1 miljard), in Polynesië (US$280,9 miljoen) en in Micronesië (US$40,8 miljoen). De bouw per hoofd in Australazië was in Australazië groter dan in Polynesië (US$497,9), in Micronesië (US$144,9) en in Melanesië (US$129,8). De groei van de constructie in Australazië was groter dan in Micronesië (1,1%) en in Polynesië (0,99%); maar minder dan in Melanesië (9,0%).

Leiders. De sector van de constructie in Australazië in de jaren 2000 bestond uit: Australië (90,5%), Nieuw-Zeeland (9,5%). Het aandeel van de constructie in economie van de leiders: Australië (7,4%) en Nieuw-Zeeland (5,6%). De bouw per hoofd in Australazië onder de leiders: Australië ($2.394,4) en Nieuw-Zeeland ($1.239,7). De groei van de constructie onder de leiders: Australië (4,9%) en

Nieuw-Zeeland (3,3%).

de jaren 2010

De bouw van Australazië bedroeg in de jaren 2010 US$121,1 miljard per jaar. Het aandeel in de wereld was 2,9%, en 97,3% in Oceanië.

Het aandeel van de constructie in de economie van Australazië was 8,1% in de jaren 2010, en was vergelijkbaar met Oceanië (8,1%), Slowakije (8,1%), Saint Vincent en de Grenadines (8,1%).

De sector van de constructie per hoofd in Australazië was $4.277,7 in de jaren 2010s. De toegevoegde waarde van de constructie per hoofd in Australazië was in 7,5 keer hoger dan de constructie per hoofd van de bevolking in de wereld ($572,1), en was 34,9% hoger dan de constructie per hoofd van de bevolking in Oceanië ($572,1).

De groei van de constructie in Australazië bedroeg 1.7% in de jaren 2010, en was vergelijkbaar met Guinee (1,7%). De groei van de constructie in Australazië (1,7%) was minder dan de groei van de constructie in de wereld (2,9%), was minder dan de groei van de constructie in Oceanië (1,7%).

Vergelijking met subregio's. De toegevoegde waarde van de constructie in Australazië was 39,9 keer groter dan in Melanesië (US$3,0 miljard), 413,7 keer groter dan in Polynesië (US$292,8 miljoen) en 2.243,5 keer groter dan in Micronesië (US$54,0 miljoen). De toegevoegde waarde van de constructie per hoofd in Australazië was in Australazië8,7 keer groter dan in Polynesië (US$491,2), 14,1 keer groter dan in Melanesië (US$302,7) en 24,1 keer groter dan in Micronesië (US$177,7). De groei van de constructie in Australazië was groter dan in Polynesië (-1,3%); maar minder dan in Melanesië (3,4%) en in Micronesië (2,8%).

Leiders. De constructie van Australazië in de jaren 2010 bestond uit: Australië (91,0%), Nieuw-Zeeland (9,0%). Het aandeel van de constructie in economie van de leiders: Australië (8,3%) en Nieuw-Zeeland (6,4%). De bouw per hoofd in Australazië onder de leiders: Australië ($4.645,0) en Nieuw-Zeeland ($2.376,3). De groei van de constructie onder de leiders: Nieuw-Zeeland (4,3%) en Australië (1,4%).

Hoofdstuk VII. Vervoer

Transport, opslag en communicatie (ISIC I)

Het transport van Australazië steeg van US$8,6 miljard per jaar in de jaren 1970 tot US$117,4 miljard per jaar in de jaren 2010, dat wil zeggen met US$108,8 miljard of 13,7 keer. De verandering vond plaats op US$74,8 miljard als gevolg van een 2,8-voudige stijging van de prijzen, en ook op US$28,0 miljard als gevolg van een 2,9-voudige toename van de productiviteit , evenals op US$6,0 miljard als gevolg van de toename van de bevolking. De gemiddelde jaarlijkse groei van het transport is 4,0%. De minimumwaarde van het transport bedroeg US$4,0 miljard in 1970. De maximumwaarde van het transport bedroeg US$134,4 miljard in 2012.

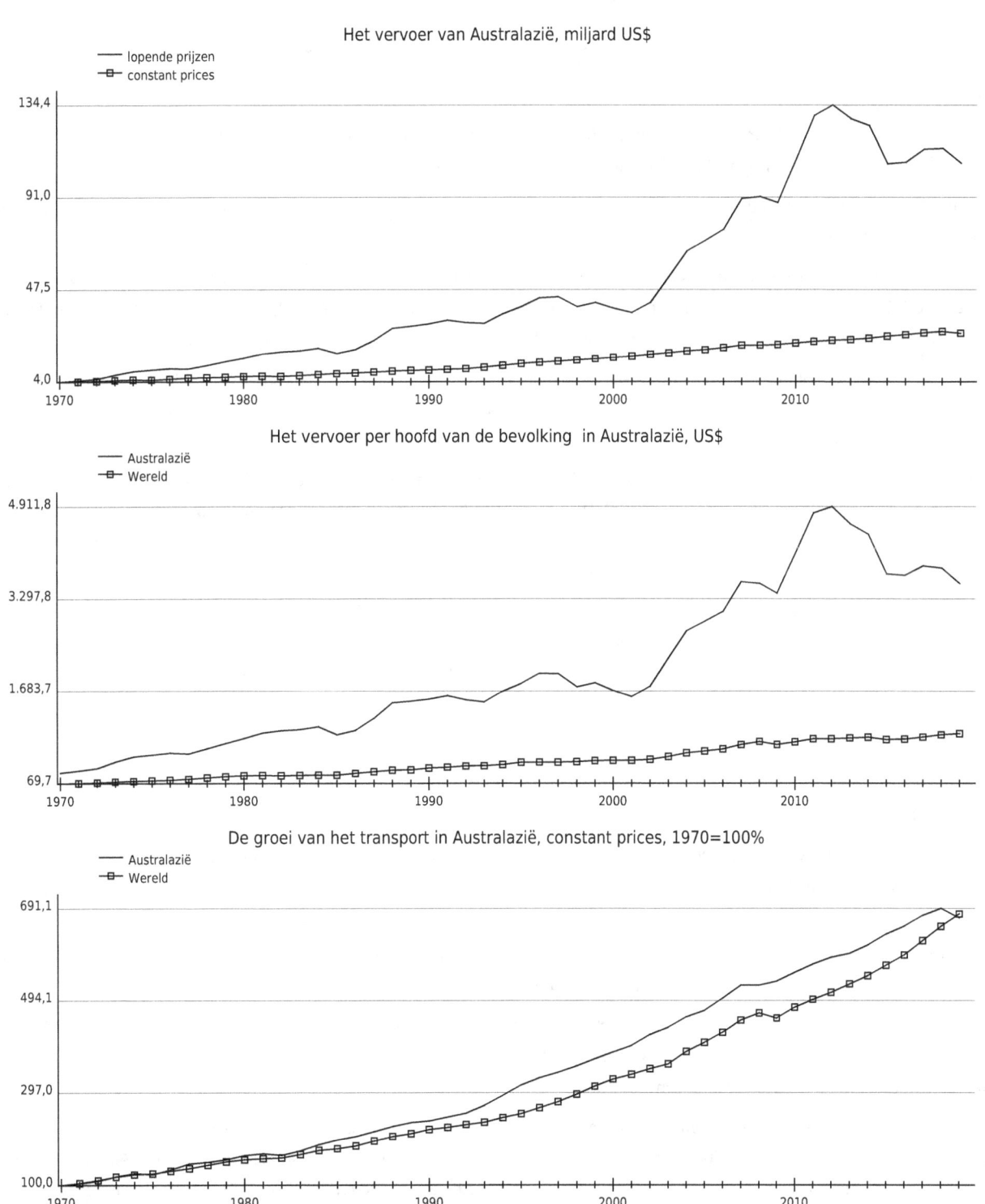

Het vervoer van Australazië, miljard US$

Het vervoer per hoofd van de bevolking in Australazië, US$

De groei van het transport in Australazië, constant prices, 1970=100%

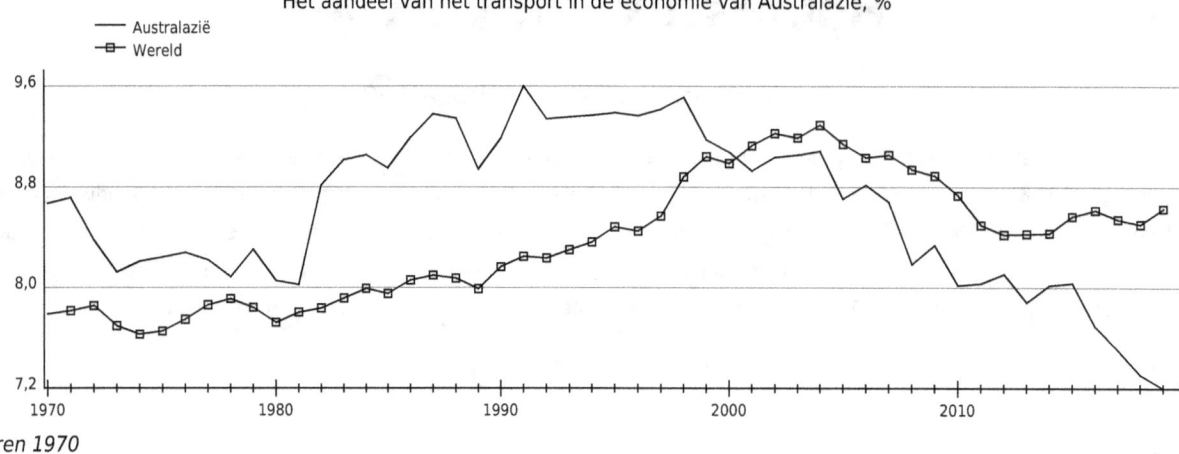

Het aandeel van het transport in de economie van Australazië, %

de jaren 1970

Het transport van Australazië bedroeg in de jaren 1970 US$8,6 miljard per jaar, en was vergelijkbaar met Zuid-Azië (US$8,4 miljard). Het aandeel in de wereld was 1,7%, en 94,8% in Oceanië.

Het aandeel van het transport in de economie van Australazië was 8,3% in de jaren 1970, en was vergelijkbaar met Tanzania (8,3%), Tuvalu (8,3%), Syrië (8,3%).

De sector van het transport per hoofd in Australazië was $514,0 in de jaren 1970s, en was vergelijkbaar met België (US$512,1), de Nederland (US$503,4). De sector van het transport per hoofd in Australazië was in 4,2 keer hoger dan het transport per hoofd van de bevolking in de wereld ($122,3), en was 21,3% hoger dan het transport per hoofd van de bevolking in Oceanië ($122,3).

De groei van het transport in Australazië bedroeg 4.9% in de jaren 1970, en was vergelijkbaar met Oceanië (4,9%), Amerika (4,9%). De groei van het transport in Australazië (4,9%) was groter dan de groei van het transport in de wereld (4,6%), was groter dan de groei van het transport in Oceanië (4,9%).

Vergelijking met subregio's. De sector van het transport in Australazië was groter dan in Melanesië (US$386,9 miljoen), in Polynesië (US$68,6 miljoen) en in Micronesië (US$10,2 miljoen). De waarde van het transport per hoofd in Australazië was in Australazië groter dan in Polynesië (US$174,2), in Melanesië (US$94,4) en in Micronesië (US$62,1). De groei van het transport in Australazië was groter dan in Melanesië (4,0%) en in Micronesië (2,1%); maar minder dan in Polynesië (5,1%).

Leiders. De toegevoegde waarde van het transport in Australazië in de jaren 1970 bestond uit: Australië (86,1%), Nieuw-Zeeland (13,9%). Het aandeel van het transport in economie van de leiders: Nieuw-Zeeland (9,1%) en Australië (8,2%). De waarde van het transport per hoofd in Australazië onder de leiders: Australië ($540,3) en Nieuw-Zeeland ($395,1). De groei van het transport onder de leiders: Australië (5,1%) en Nieuw-Zeeland (3,5%).

de jaren 1980

De waarde van het transport in Australazië bedroeg in de jaren 1980 US$20,8 miljard per jaar. Het aandeel in de wereld was 1,8%, en 96,4% in Oceanië.

Het aandeel van het transport in de economie van Australazië was 9,0% in de jaren 1980, en was vergelijkbaar met Joegoslavië (8,9%), België (8,9%), Noord-Europa (9,0%).

De waarde van het transport per hoofd in Australazië was $1.105,9 in de jaren 1980s, en was vergelijkbaar met Canada (US$1.092,1). De sector van het transport per hoofd in Australazië was in 4,6 keer hoger dan het transport per hoofd van de bevolking in de wereld ($242,0), en was 26,7% hoger dan het transport per hoofd van de bevolking in Oceanië ($242,0).

De groei van het transport in Australazië bedroeg 4.2% in de jaren 1980, en was vergelijkbaar met Oceanië (4,2%), Swaziland (4,2%), Congo (4,2%). De groei van het transport in Australazië (4,2%) was groter dan de groei van het transport in de wereld (3,4%), was groter dan de groei van het transport in Oceanië (4,2%).

Vergelijking met subregio's. De waarde van het transport in Australazië was groter dan in Melanesië (US$568,9 miljoen), in Polynesië (US$197,1 miljoen) en in Micronesië (US$18,6 miljoen). De toegevoegde waarde van het transport per hoofd in Australazië was in Australazië groter dan in Polynesië (US$434,5), in Melanesië (US$107,8) en in Micronesië (US$89,7). De groei van het transport in

Australazië was groter dan in Melanesië (2,7%) en in Micronesië (-0,54%); maar minder dan in Polynesië (4,8%).

Leiders. De sector van het transport in Australazië in de jaren 1980 bestond uit: Australië (86,4%), Nieuw-Zeeland (13,6%). Het aandeel van het transport in economie van de leiders: Nieuw-Zeeland (9,7%) en Australië (8,9%). Het transport per hoofd in Australazië onder de leiders: Australië ($1.154,4) en Nieuw-Zeeland ($873,2). De groei van het transport onder de leiders: Australië (4,4%) en Nieuw-Zeeland (3,0%).

de jaren 1990

Het vervoer van Australazië bedroeg in de jaren 1990 US$37,2 miljard per jaar, en was vergelijkbaar met Centraal-Amerika (US$37,5 miljard). Het aandeel in de wereld was 1,6%, en 96,2% in Oceanië.

Het aandeel van het transport in de economie van Australazië was 9,4% in de jaren 1990, en was vergelijkbaar met de Maldiven (9,4%), Bulgarije (9,4%), Monaco (9,4%).

Het transport per hoofd in Australazië was $1.727,0 in de jaren 1990s, en was vergelijkbaar met de Verenigde Arabische Emiraten (US$1.735,0). De waarde van het transport per hoofd in Australazië was in 4,2 keer hoger dan het transport per hoofd van de bevolking in de wereld ($409,5), en was 29,2% hoger dan het transport per hoofd van de bevolking in Oceanië ($409,5).

De groei van het transport in Australazië bedroeg 4.7% in de jaren 1990, en was vergelijkbaar met Oceanië (4,7%), Guyana (4,7%), Amerika (4,7%). De groei van het transport in Australazië (4,7%) was groter dan de groei van het transport in de wereld (4,0%), was groter dan de groei van het transport in Oceanië (4,7%).

Vergelijking met subregio's. De sector van het transport in Australazië was groter dan in Melanesië (US$1,0 miljard), in Polynesië (US$395,9 miljoen) en in Micronesië (US$39,3 miljoen). De toegevoegde waarde van het transport per hoofd in Australazië was in Australazië groter dan in Polynesië (US$776,7), in Melanesië (US$156,5) en in Micronesië (US$151,8). De groei van het transport in Australazië was groter dan in Melanesië (4,2%), in Polynesië (2,4%) en in Micronesië (0,19%).

Leiders. De sector van het transport in Australazië in de jaren 1990 bestond uit: Australië (86,4%), Nieuw-Zeeland (13,6%). Het aandeel van het transport in economie van de leiders: Nieuw-Zeeland (9,9%) en Australië (9,3%). De sector van het transport per hoofd in Australazië onder de leiders: Australië ($1.794,6) en Nieuw-Zeeland ($1.393,5). De groei van het transport onder de leiders: Nieuw-Zeeland (5,4%) en Australië (4,6%).

de jaren 2000

De waarde van het transport in Australazië bedroeg in de jaren 2000 US$65,2 miljard per jaar, en was vergelijkbaar met Rusland (US$65,2 miljard). Het aandeel in de wereld was 1,6%, en 97,4% in Oceanië.

Het aandeel van het transport in de economie van Australazië was 8,7% in de jaren 2000, en was vergelijkbaar met Oceanië (8,7%), Australië (8,8%), Noord-Afrika (8,8%).

De waarde van het transport per hoofd in Australazië was $2.685,7 in de jaren 2000s, en was vergelijkbaar met Israël (US$2,6 duizend). De toegevoegde waarde van het transport per hoofd in Australazië was in 4,3 keer hoger dan het transport per hoofd van de bevolking in de wereld ($621,1), en was 33,7% hoger dan het transport per hoofd van de bevolking in Oceanië ($621,1).

De groei van het transport in Australazië bedroeg 3.8% in de jaren 2000, en was vergelijkbaar met Bolivia (3,7%), Brazilië (3,8%). De groei van het transport in Australazië (3,8%) was minder dan de groei van het transport in de wereld (3,9%), was groter dan de groei van het transport in Oceanië (3,7%).

Vergelijking met subregio's. De waarde van het transport in Australazië was groter dan in Melanesië (US$1,1 miljard), in Polynesië (US$566,2 miljoen) en in Micronesië (US$58,8 miljoen). Het vervoer per hoofd in Australazië was in Australazië groter dan in Polynesië (US$1.003,6), in Micronesië (US$209,0) en in Melanesië (US$134,0). De groei van het transport in Australazië was groter dan in Polynesië (2,1%), in Melanesië (1,5%) en in Micronesië (0,016%).

Leiders. De sector van het transport in Australazië in de jaren 2000 bestond uit: Australië (88,3%), Nieuw-Zeeland (11,7%). Het aandeel van het transport in economie van de leiders: Australië (8,8%) en Nieuw-Zeeland (8,5%). De sector van het transport per hoofd in Australazië onder de leiders: Australië ($2.851,8) en Nieuw-Zeeland ($1.867,7). De groei van het transport onder de leiders: Australië (3,9%) en Nieuw-Zeeland (3,2%).

de jaren 2010

De waarde van het transport in Australazië bedroeg in de jaren 2010 US$117,4 miljard per jaar, en was vergelijkbaar met Centraal-Amerika (US$116,8 miljard), Canada (US$119,6 miljard), Oceanië (US$120,4 miljard). Het aandeel in de wereld was 1,9%, en 97,5% in Oceanië.

Het aandeel van het transport in de economie van Australazië was 7,8% in de jaren 2010, en was vergelijkbaar met Australië (7,8%), Rusland (7,8%), Oceanië (7,8%).

Het transport per hoofd in Australazië was $4.144,7 in de jaren 2010s, en was vergelijkbaar met Japan (US$4,1 duizend). De sector van het transport per hoofd in Australazië was in 4,8 keer hoger dan het transport per hoofd van de bevolking in de wereld ($864,8), en was 35,2% hoger dan het transport per hoofd van de bevolking in Oceanië ($864,8).

De groei van het transport in Australazië bedroeg 2.3% in de jaren 2010, en was vergelijkbaar met Argentinië (2,3%). De groei van het transport in Australazië (2,3%) was minder dan de groei van het transport in de wereld (4,0%), was minder dan de groei van het transport in Oceanië (2,3%).

Vergelijking met subregio's. Het transport van Australazië was 54,6 keer groter dan in Melanesië (US$2,1 miljard), 154,8 keer groter dan in Polynesië (US$758,0 miljoen) en 1.179,4 keer groter dan in Micronesië (US$99,5 miljoen). De sector van het transport per hoofd in Australazië was in Australazië3,3 keer groter dan in Polynesië (US$1.271,6), 12,7 keer groter dan in Micronesië (US$327,4) en 19,4 keer groter dan in Melanesië (US$214,0). De groei van het transport in Australazië was minder dan in Micronesië (6,7%), in Melanesië (4,1%) en in Polynesië (2,9%).

Leiders. De waarde van het transport in Australazië in de jaren 2010 bestond uit: Australië (88,6%), Nieuw-Zeeland (11,4%). Het aandeel van het transport in economie van de leiders: Nieuw-Zeeland (7,8%) en Australië (7,8%). De sector van het transport per hoofd in Australazië onder de leiders: Australië ($4.379,8) en Nieuw-Zeeland ($2.928,0). De groei van het transport onder de leiders: Nieuw-Zeeland (4,0%) en Australië (2,1%).

Hoofdstuk VIII. Handel

Groothandel, detailhandel, restaurants en hotels (ISIC G-H)

De waarde van de handel in Australazië steeg van US$11,8 miljard per jaar in de jaren 1970 tot US$172,6 miljard per jaar in de jaren 2010, dat wil zeggen met US$160,8 miljard of 14,7 keer. De verandering vond plaats op US$138,3 miljard als gevolg van een 5,0-voudige stijging van de prijzen, en ook op US$14,3 miljard als gevolg van een 1,7-voudige toename van de productiviteit , evenals op US$8,2 miljard als gevolg van de toename van de bevolking. De gemiddelde jaarlijkse groei van de handel is 2,5%. De minimumwaarde van de handel bedroeg US$5,6 miljard in 1970. De maximumwaarde van de handel bedroeg US$196,1 miljard in 2012.

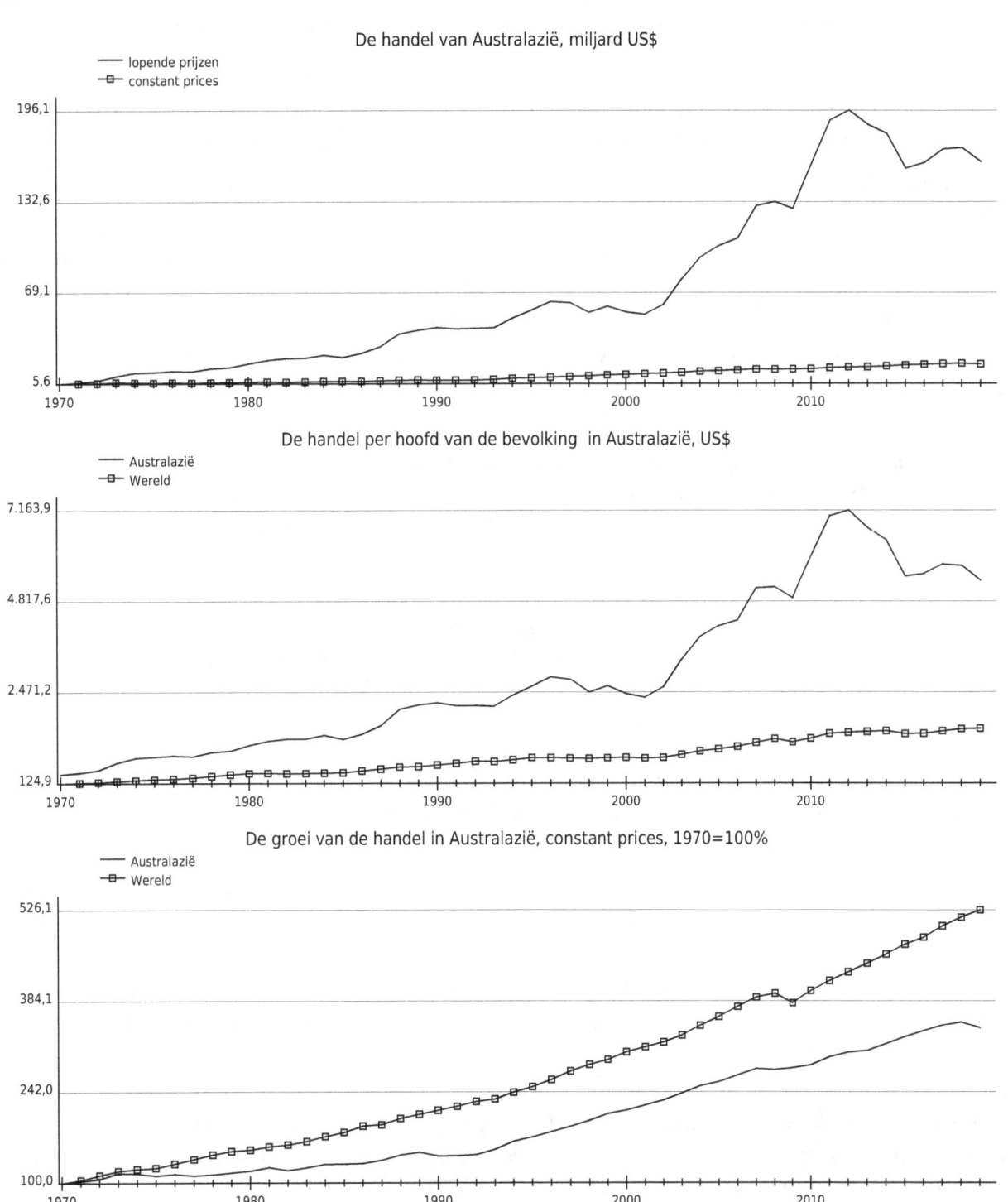

De handel van Australazië, miljard US$

De handel per hoofd van de bevolking in Australazië, US$

De groei van de handel in Australazië, constant prices, 1970=100%

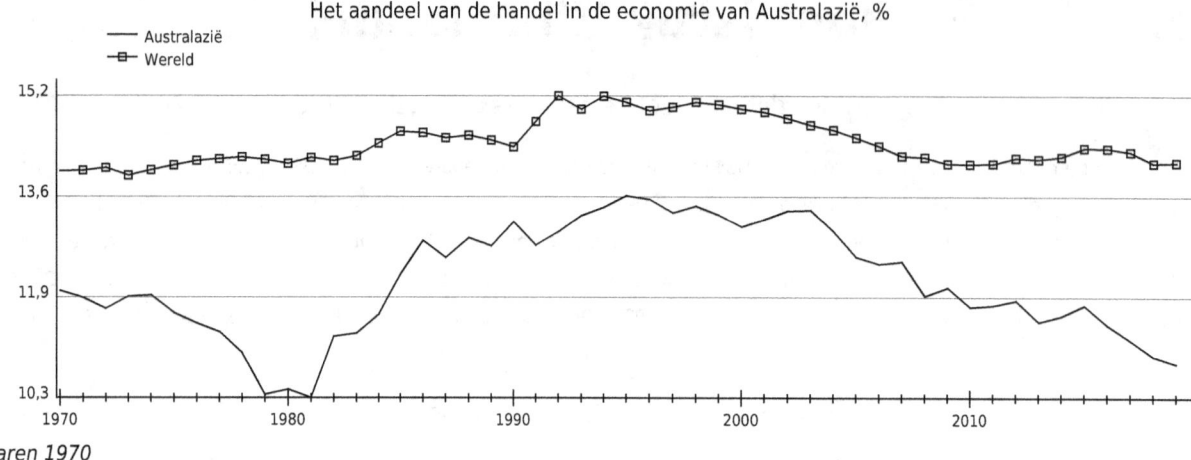

Het aandeel van de handel in de economie van Australazië, %

de jaren 1970

De waarde van de handel in Australazië bedroeg in de jaren 1970 US$11,8 miljard per jaar, en was vergelijkbaar met West-Afrika (US$11,6 miljard), de Nederland (US$11,6 miljard). Het aandeel in de wereld was 1,3%, en 92,3% in Oceanië.

Het aandeel van de handel in de economie van Australazië was 11,4% in de jaren 1970, en was vergelijkbaar met Libanon (11,3%), Groenland (11,5%).

De handel per hoofd in Australazië was $705,3 in de jaren 1970s, en was vergelijkbaar met Frans-Polynesië (US$702,4), Nauru (US$715,9). De handel per hoofd in Australazië was in 3,2 keer hoger dan de handel per hoofd van de bevolking in de wereld ($221,0), en was 18,1% hoger dan de handel per hoofd van de bevolking in Oceanië ($221,0).

De groei van de handel in Australazië bedroeg 1.6% in de jaren 1970, en was vergelijkbaar met Oceanië (1,6%). De groei van de handel in Australazië (1,6%) was minder dan de groei van de handel in de wereld (4,5%), was minder dan de groei van de handel in Oceanië (1,6%).

Vergelijking met subregio's. De toegevoegde waarde van de handel in Australazië was groter dan in Melanesië (US$847,5 miljoen), in Polynesië (US$111,7 miljoen) en in Micronesië (US$21,5 miljoen). De waarde van de handel per hoofd in Australazië was in Australazië groter dan in Polynesië (US$283,6), in Melanesië (US$206,7) en in Micronesië (US$131,2). De groei van de handel in Australazië was groter dan in Melanesië (1,2%); maar minder dan in Polynesië (5,7%) en in Micronesië (2,2%).

Leiders. De waarde van de handel in Australazië in de jaren 1970 bestond uit: Australië (84,3%), Nieuw-Zeeland (15,7%). Het aandeel van de handel in economie van de leiders: Nieuw-Zeeland (14,1%) en Australië (11,0%). De toegevoegde waarde van de handel per hoofd in Australazië onder de leiders: Australië ($726,3) en Nieuw-Zeeland ($610,5). De groei van de handel onder de leiders: Australië (1,9%) en Nieuw-Zeeland (0,18%).

de jaren 1980

De handel van Australazië bedroeg in de jaren 1980 US$27,8 miljard per jaar. Het aandeel in de wereld was 1,3%, en 94,0% in Oceanië.

Het aandeel van de handel in de economie van Australazië was 12,0% in de jaren 1980, en was vergelijkbaar met Mali (11,9%), Oost-Europa (11,9%), Zuidwest-Azië (11,9%).

De handel per hoofd in Australazië was $1.476,2 in de jaren 1980s, en was vergelijkbaar met Duitsland (US$1.496,0), het Verenigd Koninkrijk (US$1.442,4). De waarde van de handel per hoofd in Australazië was in 3,4 keer hoger dan de handel per hoofd van de bevolking in de wereld ($437,7), en was 23,6% hoger dan de handel per hoofd van de bevolking in Oceanië ($437,7).

De groei van de handel in Australazië bedroeg 2.5% in de jaren 1980, en was vergelijkbaar met Oceanië (2,5%). De groei van de handel in Australazië (2,5%) was minder dan de groei van de handel in de wereld (3,3%), was minder dan de groei van de handel in Oceanië (2,5%).

Vergelijking met subregio's. De sector van de handel in Australazië was groter dan in Melanesië (US$1,4 miljard), in Polynesië (US$316,0 miljoen) en in Micronesië (US$42,9 miljoen). De sector van de handel per hoofd in Australazië was in Australazië groter dan in Polynesië (US$696,8), in Melanesië (US$267,6) en in Micronesië (US$206,5). De groei van de handel in Australazië was groter dan in Micronesië (2,0%); maar minder dan in Polynesië (3,7%) en in Melanesië (2,7%).

Leiders. De handel van Australazië in de jaren 1980 bestond uit: Australië (85,8%), Nieuw-Zeeland (14,2%). Het aandeel van de handel in economie van de leiders: Nieuw-Zeeland (13,4%) en Australië (11,7%). De handel per hoofd in Australazië onder de leiders: Australië ($1.531,2) en Nieuw-Zeeland ($1.212,9). De groei van de handel onder de leiders: Australië (2,7%) en Nieuw-Zeeland (0,99%).

de jaren 1990

De handel van Australazië bedroeg in de jaren 1990 US$52,5 miljard per jaar, en was vergelijkbaar met Brazilië (US$52,5 miljard), de Nederland (US$52,4 miljard). Het aandeel in de wereld was 1,3%, en 94,8% in Oceanië.

Het aandeel van de handel in de economie van Australazië was 13,3% in de jaren 1990, en was vergelijkbaar met Centraal-Afrika (13,3%), Bangladesh (13,3%), de Federale Staten van Micronesië (13,3%).

De handel per hoofd in Australazië was $2.440,9 in de jaren 1990s, en was vergelijkbaar met Cyprus (US$2,5 duizend), Groenland (US$2,4 duizend), Ierland (US$2,4 duizend). De sector van de handel per hoofd in Australazië was in 3,4 keer hoger dan de handel per hoofd van de bevolking in de wereld ($721,8), en was 27,3% hoger dan de handel per hoofd van de bevolking in Oceanië ($721,8).

De groei van de handel in Australazië bedroeg 3.5% in de jaren 1990, en was vergelijkbaar met Pakistan (3,5%), de Wereld (3,5%), Bolivia (3,5%). De groei van de handel in Australazië (3,5%) was groter dan de groei van de handel in de wereld (3,5%), was groter dan de groei van de handel in Oceanië (3,3%).

Vergelijking met subregio's. De toegevoegde waarde van de handel in Australazië was groter dan in Melanesië (US$2,2 miljard), in Polynesië (US$633,0 miljoen) en in Micronesië (US$88,5 miljoen). De waarde van de handel per hoofd in Australazië was in Australazië groter dan in Polynesië (US$1.241,9), in Micronesië (US$341,5) en in Melanesië (US$327,4). De groei van de handel in Australazië was groter dan in Polynesië (2,2%), in Micronesië (-0,091%) en in Melanesië (-1,6%).

Leiders. De toegevoegde waarde van de handel in Australazië in de jaren 1990 bestond uit: Australië (87,7%), Nieuw-Zeeland (12,3%). Het aandeel van de handel in economie van de leiders: Australië (13,4%) en Nieuw-Zeeland (12,7%). De sector van de handel per hoofd in Australazië onder de leiders: Australië ($2.573,7) en Nieuw-Zeeland ($1.786,1). De groei van de handel onder de leiders: Australië (3,7%) en Nieuw-Zeeland (2,5%).

de jaren 2000

De toegevoegde waarde van de handel in Australazië bedroeg in de jaren 2000 US$94,1 miljard per jaar. Het aandeel in de wereld was 1,5%, en 96,6% in Oceanië.

Het aandeel van de handel in de economie van Australazië was 12,6% in de jaren 2000, en was vergelijkbaar met Canada (12,6%), Australië (12,6%), Oceanië (12,7%).

De waarde van de handel per hoofd in Australazië was $3.875,4 in de jaren 2000s, en was vergelijkbaar met Cyprus (US$3,9 duizend). De waarde van de handel per hoofd in Australazië was in 3,9 keer hoger dan de handel per hoofd van de bevolking in de wereld ($990,3), en was 32,6% hoger dan de handel per hoofd van de bevolking in Oceanië ($990,3).

De groei van de handel in Australazië bedroeg 3% in de jaren 2000, en was vergelijkbaar met Oceanië (3,0%). De groei van de handel in Australazië (3,0%) was groter dan de groei van de handel in de wereld (2,7%), was minder dan de groei van de handel in Oceanië (3,0%).

Vergelijking met subregio's. De sector van de handel in Australazië was groter dan in Melanesië (US$2,2 miljard), in Polynesië (US$941,5 miljoen) en in Micronesië (US$112,6 miljoen). De handel per hoofd in Australazië was in Australazië groter dan in Polynesië (US$1.669,0), in Micronesië (US$400,5) en in Melanesië (US$271,0). De groei van de handel in Australazië was groter dan in Polynesië (2,0%) en in Micronesië (-0,39%); maar minder dan in Melanesië (4,2%).

Leiders. De waarde van de handel in Australazië in de jaren 2000 bestond uit: Australië (87,8%), Nieuw-Zeeland (12,2%). Het aandeel van de handel in economie van de leiders: Nieuw-Zeeland (12,7%) en Australië (12,6%). De waarde van de handel per hoofd in Australazië onder de leiders: Australië ($4.091,9) en Nieuw-Zeeland ($2.809,5). De groei van de handel onder de leiders: Australië (3,1%) en Nieuw-Zeeland (2,4%).

de jaren 2010

De handel van Australazië bedroeg in de jaren 2010 US$172,6 miljard per jaar. Het aandeel in de wereld was 1,6%, en 96,6% in Oceanië.

Het aandeel van de handel in de economie van Australazië was 11,5% in de jaren 2010, en was vergelijkbaar met India (11,5%), Oceanië (11,6%), China (11,4%).

De sector van de handel per hoofd in Australazië was $6.095,7 in de jaren 2010s, en was vergelijkbaar met Zweden (US$6,2 duizend). De toegevoegde waarde van de handel per hoofd in Australazië was in 4,2 keer hoger dan de handel per hoofd van de bevolking in de wereld ($1.436,8), en was 34,0% hoger dan de handel per hoofd van de bevolking in Oceanië ($1.436,8).

De groei van de handel in Australazië bedroeg 2% in de jaren 2010, en was vergelijkbaar met Europa (2,0%), Oceanië (2,0%). De groei van de handel in Australazië (2,0%) was minder dan de groei van de handel in de wereld (3,3%), was minder dan de groei van de handel in Oceanië (2,0%).

Vergelijking met subregio's. De handel van Australazië was 36,5 keer groter dan in Melanesië (US$4,7 miljard), 154,1 keer groter dan in Polynesië (US$1,1 miljard) en 980,1 keer groter dan in Micronesië (US$176,1 miljoen). De handel per hoofd in Australazië was in Australazië3,2 keer groter dan in Polynesië (US$1.878,6), 10,5 keer groter dan in Micronesië (US$579,5) en 12,9 keer groter dan in Melanesië (US$471,1). De groei van de handel in Australazië was minder dan in Micronesië (3,0%), in Polynesië (2,1%) en in Melanesië (2,1%).

Leiders. De toegevoegde waarde van de handel in Australazië in de jaren 2010 bestond uit: Australië (87,7%), Nieuw-Zeeland (12,3%). Het aandeel van de handel in economie van de leiders: Nieuw-Zeeland (12,4%) en Australië (11,4%). De toegevoegde waarde van de handel per hoofd in Australazië onder de leiders: Australië ($6.377,5) en Nieuw-Zeeland ($4.637,0). De groei van de handel onder de leiders: Nieuw-Zeeland (3,6%) en Australië (1,8%).

Hoofdstuk IX. Diensten

(ISIC J-P)

De waarde van de diensten in Australazië steeg van US$37,7 miljard per jaar in de jaren 1970 tot US$777,2 miljard per jaar in de jaren 2010, dat wil zeggen met US$739,5 miljard of 20,6 keer. De verandering vond plaats op US$625,9 miljard als gevolg van een 5,1-voudige stijging van de prijzen, en ook op US$87,3 miljard als gevolg van een 2,4-voudige toename van de productiviteit , evenals op US$26,3 miljard als gevolg van de toename van de bevolking. De gemiddelde jaarlijkse groei van de diensten is 3,5%. De minimumwaarde van de diensten bedroeg US$15,3 miljard in 1970. De maximumwaarde van de diensten bedroeg US$839,1 miljard in 2012.

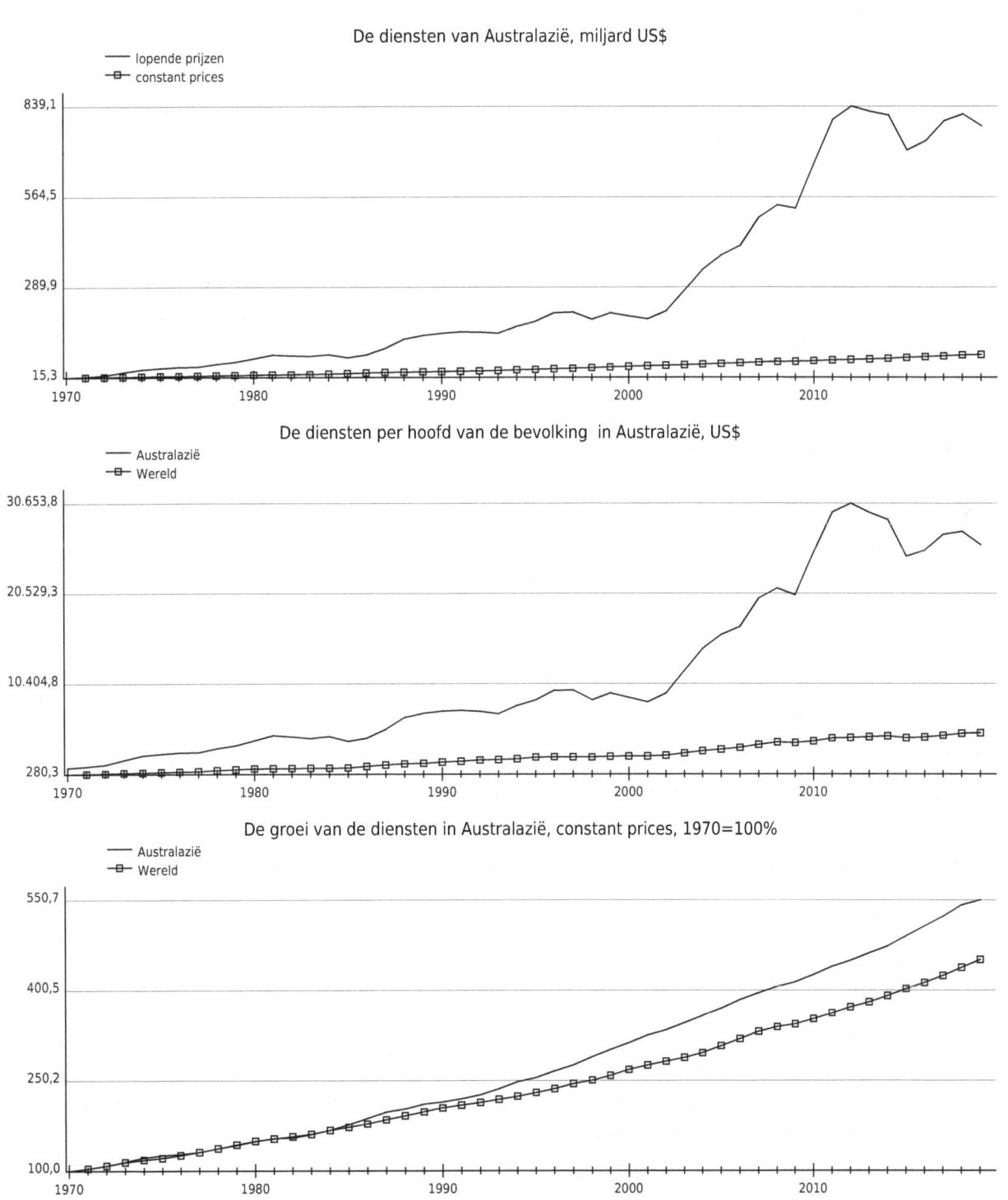

De diensten van Australazië, miljard US$

De diensten per hoofd van de bevolking in Australazië, US$

De groei van de diensten in Australazië, constant prices, 1970=100%

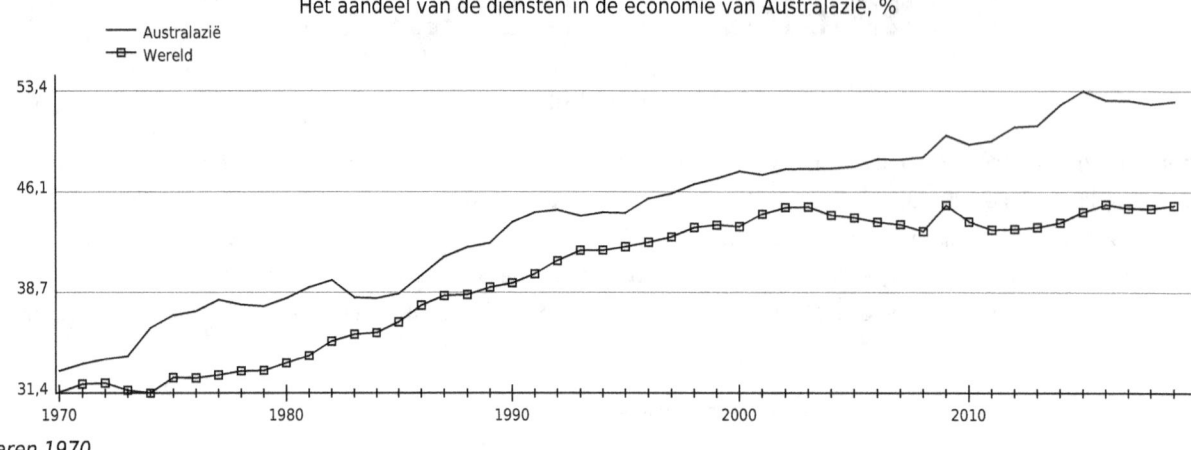

Het aandeel van de diensten in de economie van Australazië, %

de jaren 1970

De diensten van Australazië bedroegen in de jaren 1970 US$37,7 miljard per jaar, en waren vergelijkbaar met Zuidwest-Azië (US$37,7 miljard). Het aandeel in de wereld was 1,8%, en 95,7% in Oceanië.

Het aandeel van de diensten in de economie van Australazië was 36,5% in de jaren 1970, en was vergelijkbaar met Tunesië (36,5%), West-Europa (36,6%), Oceanië (36,4%).

De sector van de diensten per hoofd in Australazië was $2.262,0 in de jaren 1970s, en was vergelijkbaar met Frankrijk (US$2,3 duizend), Noorwegen (US$2,3 duizend), Luxemburg (US$2,3 duizend). De toegevoegde waarde van de diensten per hoofd in Australazië was in 4,5 keer hoger dan de diensten per hoofd van de bevolking in de wereld ($506,9), en was 22,5% hoger dan de diensten per hoofd van de bevolking in Oceanië ($506,9).

De groei van de diensten in Australazië bedroeg 4% in de jaren 1970, en was vergelijkbaar met Gambia (4,0%), Canada (4,0%), Australië (4,0%). De groei van de diensten in Australazië (4,0%) was minder dan de groei van de diensten in de wereld (4,1%), was minder dan de groei van de diensten in Oceanië (4,0%).

Vergelijking met subregio's. De toegevoegde waarde van de diensten in Australazië was groter dan in Melanesië (US$1,3 miljard), in Polynesië (US$372,1 miljoen) en   in Micronesië (US$49,5 miljoen). De sector van de diensten per hoofd in Australazië was   in Australazië groter dan in Polynesië (US$944,7), in Melanesië (US$308,0) en in Micronesië (US$302,7). De groei van de diensten in Australazië was groter dan in Micronesië (2,3%); maar minder dan in Polynesië (5,0%) en in Melanesië (4,7%).

Leiders. De toegevoegde waarde van de diensten in Australazië in de jaren 1970 bestond uit: Australië (89,4%), Nieuw-Zeeland (10,6%). Het aandeel van de diensten in economie van de leiders: Australië (37,4%) en Nieuw-Zeeland (30,7%). De diensten per hoofd in Australazië onder de leiders: Australië ($2.468,6) en Nieuw-Zeeland ($1.328,1). De groei van de diensten onder de leiders: Australië (4,0%) en Nieuw-Zeeland (3,9%).

de jaren 1980

De waarde van de diensten in Australazië bedroeg in de jaren 1980 US$93,3 miljard per jaar. Het aandeel in de wereld was 1,7%, en 95,6% in Oceanië.

Het aandeel van de diensten in de economie van Australazië was 40,1% in de jaren 1980, en was vergelijkbaar met Oceanië (40,2%), Duitsland (39,9%), Melanesië (39,8%).

De toegevoegde waarde van de diensten per hoofd in Australazië was $4.949,6 in de jaren 1980s, en was vergelijkbaar met Noord-Europa (US$4,9 duizend), België (US$4,9 duizend), West-Europa (US$5,0 duizend). De diensten per hoofd in Australazië waren in 4,4 keer hoger dan de diensten per hoofd van de bevolking in de wereld ($1.115,5), en waren 25,8% hoger dan de diensten per hoofd van de bevolking in Oceanië ($1.115,5).

De groei van de diensten in Australazië bedroeg 4% in de jaren 1980, en was vergelijkbaar met Oceanië (4,0%), Spanje (4,0%), Nieuw-Caledonië (4,0%). De groei van de diensten in Australazië (4,0%) was groter dan de groei van de diensten in de wereld (3,3%), was groter dan de groei van de diensten in Oceanië (4,0%).

Vergelijking met subregio's. De sector van de diensten in Australazië was groter dan in Melanesië (US$3,1 miljard), in Polynesië

(US$1,1 miljard) en in Micronesië (US$111,9 miljoen). De waarde van de diensten per hoofd in Australazië was in Australazië groter dan in Polynesië (US$2,4 duizend), in Melanesië (US$580,7) en in Micronesië (US$538,7). De groei van de diensten in Australazië was groter dan in Micronesië (3,0%) en in Melanesië (1,5%); maar minder dan in Polynesië (6,0%).

Leiders. De diensten van Australazië in de jaren 1980 bestonden uit: Australië (88,6%), Nieuw-Zeeland (11,4%). Het aandeel van de diensten in economie van de leiders: Australië (40,6%) en Nieuw-Zeeland (36,2%). De sector van de diensten per hoofd in Australazië onder de leiders: Australië ($5.300,4) en Nieuw-Zeeland ($3.267,9). De groei van de diensten onder de leiders: Australië (4,3%) en Nieuw-Zeeland (2,1%).

de jaren 1990

De waarde van de diensten in Australazië bedroeg in de jaren 1990 US$178,7 miljard per jaar. Het aandeel in de wereld was 1,6%, en 96,2% in Oceanië.

Het aandeel van de diensten in de economie van Australazië was 45,3% in de jaren 1990, en was vergelijkbaar met Oceanië (45,1%), Micronesië (45,0%), Australië (45,6%).

De sector van de diensten per hoofd in Australazië was $8.306,6 in de jaren 1990s, en was vergelijkbaar met Italië (US$8,2 duizend). De waarde van de diensten per hoofd in Australazië was in 4,1 keer hoger dan de diensten per hoofd van de bevolking in de wereld ($2.014,6), en was 29,3% hoger dan de diensten per hoofd van de bevolking in Oceanië ($2.014,6).

De groei van de diensten in Australazië bedroeg 3.6% in de jaren 1990, en was vergelijkbaar met Oceanië (3,6%), Marokko (3,6%). De groei van de diensten in Australazië (3,6%) was groter dan de groei van de diensten in de wereld (2,7%), was groter dan de groei van de diensten in Oceanië (3,6%).

Vergelijking met subregio's. De diensten van Australazië waren groter dan in Melanesië (US$4,5 miljard), in Polynesië (US$2,2 miljard) en in Micronesië (US$225,4 miljoen). De toegevoegde waarde van de diensten per hoofd in Australazië was in Australazië groter dan in Polynesië (US$4,3 duizend), in Micronesië (US$870,1) en in Melanesië (US$684,2). De groei van de diensten in Australazië was groter dan in Melanesië (3,4%), in Polynesië (2,0%) en in Micronesië (0,75%).

Leiders. De sector van de diensten in Australazië in de jaren 1990 bestond uit: Australië (87,7%), Nieuw-Zeeland (12,3%). Het aandeel van de diensten in economie van de leiders: Australië (45,6%) en Nieuw-Zeeland (43,1%). De sector van de diensten per hoofd in Australazië onder de leiders: Australië ($8.760,8) en Nieuw-Zeeland ($6.067,1). De groei van de diensten onder de leiders: Australië (3,8%) en Nieuw-Zeeland (2,7%).

de jaren 2000

De toegevoegde waarde van de diensten in Australazië bedroeg in de jaren 2000 US$361,0 miljard per jaar, en was vergelijkbaar met Zuid-Azië (US$354,0 miljard). Het aandeel in de wereld was 1,8%, en 97,4% in Oceanië.

Het aandeel van de diensten in de economie van Australazië was 48,4% in de jaren 2000, en was vergelijkbaar met Australië (48,5%), Oceanië (48,2%), Denemarken (48,1%).

De toegevoegde waarde van de diensten per hoofd in Australazië was $14.869,1 in de jaren 2000s, en was vergelijkbaar met Duitsland (US$15,0 duizend), België (US$15,2 duizend). De diensten per hoofd in Australazië waren in 4,9 keer hoger dan de diensten per hoofd van de bevolking in de wereld ($3.011,2), en waren 33,7% hoger dan de diensten per hoofd van de bevolking in Oceanië ($3.011,2).

De groei van de diensten in Australazië bedroeg 3.2% in de jaren 2000, en was vergelijkbaar met Oceanië (3,2%), Australië (3,2%), Malawi (3,2%). De groei van de diensten in Australazië (3,2%) was groter dan de groei van de diensten in de wereld (2,9%), was groter dan de groei van de diensten in Oceanië (3,2%).

Vergelijking met subregio's. De waarde van de diensten in Australazië was groter dan in Melanesië (US$6,1 miljard), in Polynesië (US$3,1 miljard) en in Micronesië (US$307,6 miljoen). De waarde van de diensten per hoofd in Australazië was in Australazië groter dan in Polynesië (US$5,5 duizend), in Micronesië (US$1.093,7) en in Melanesië (US$743,8). De groei van de diensten in Australazië was groter dan in Polynesië (2,6%), in Melanesië (2,2%) en in Micronesië (0,90%).

Leiders. De sector van de diensten in Australazië in de jaren 2000 bestond uit: Australië (88,0%), Nieuw-Zeeland (12,0%). Het aandeel van de diensten in economie van de leiders: Australië (48,5%) en Nieuw-Zeeland (47,8%). De waarde van de diensten per hoofd in Australazië onder de leiders: Australië ($15.748,1) en Nieuw-Zeeland ($10.541,6). De groei van de diensten onder de leiders:

Nieuw-Zeeland (3,3%) en Australië (3,2%).

de jaren 2010

De sector van de diensten in Australazië bedroeg in de jaren 2010 US$777,2 miljard per jaar, en was vergelijkbaar met Oceanië (US$794,2 miljard). Het aandeel in de wereld was 2,4%, en 97,9% in Oceanië.

Het aandeel van de diensten in de economie van Australazië was 51,7% in de jaren 2010, en was vergelijkbaar met Griekenland (51,7%), Australië (51,8%), Amerika (51,9%).

De sector van de diensten per hoofd in Australazië was $27.447,4 in de jaren 2010s. De sector van de diensten per hoofd in Australazië was in 6,1 keer hoger dan de diensten per hoofd van de bevolking in de wereld ($4.467,8), en was 35,7% hoger dan de diensten per hoofd van de bevolking in Oceanië ($4.467,8).

De groei van de diensten in Australazië bedroeg 2.9% in de jaren 2010, en was vergelijkbaar met Centraal-Amerika (2,9%), Oceanië (2,9%), Australië (2,9%). De groei van de diensten in Australazië (2,9%) was groter dan de groei van de diensten in de wereld (2,7%), was minder dan de groei van de diensten in Oceanië (2,9%).

Vergelijking met subregio's. De diensten van Australazië waren 60,4 keer groter dan in Melanesië (US$12,9 miljard), 210,0 keer groter dan in Polynesië (US$3,7 miljard) en 1.756,4 keer groter dan in Micronesië (US$442,5 miljoen). De diensten per hoofd in Australazië waren in Australazië4,4 keer groter dan in Polynesië (US$6,2 duizend), 18,9 keer groter dan in Micronesië (US$1.456,0) en 21,4 keer groter dan in Melanesië (US$1.281,5). De groei van de diensten in Australazië was groter dan in Micronesië (2,0%) en in Polynesië (0,50%); maar minder dan in Melanesië (4,1%).

Leiders. De toegevoegde waarde van de diensten in Australazië in de jaren 2010 bestond uit: Australië (88,8%), Nieuw-Zeeland (11,2%). Het aandeel van de diensten in economie van de leiders: Australië (51,8%) en Nieuw-Zeeland (50,9%). De diensten per hoofd in Australazië onder de leiders: Australië ($29.083,3) en Nieuw-Zeeland ($18.978,9). De groei van de diensten onder de leiders: Australië (2,9%) en Nieuw-Zeeland (2,7%).

Part III. Externe betrekkingen

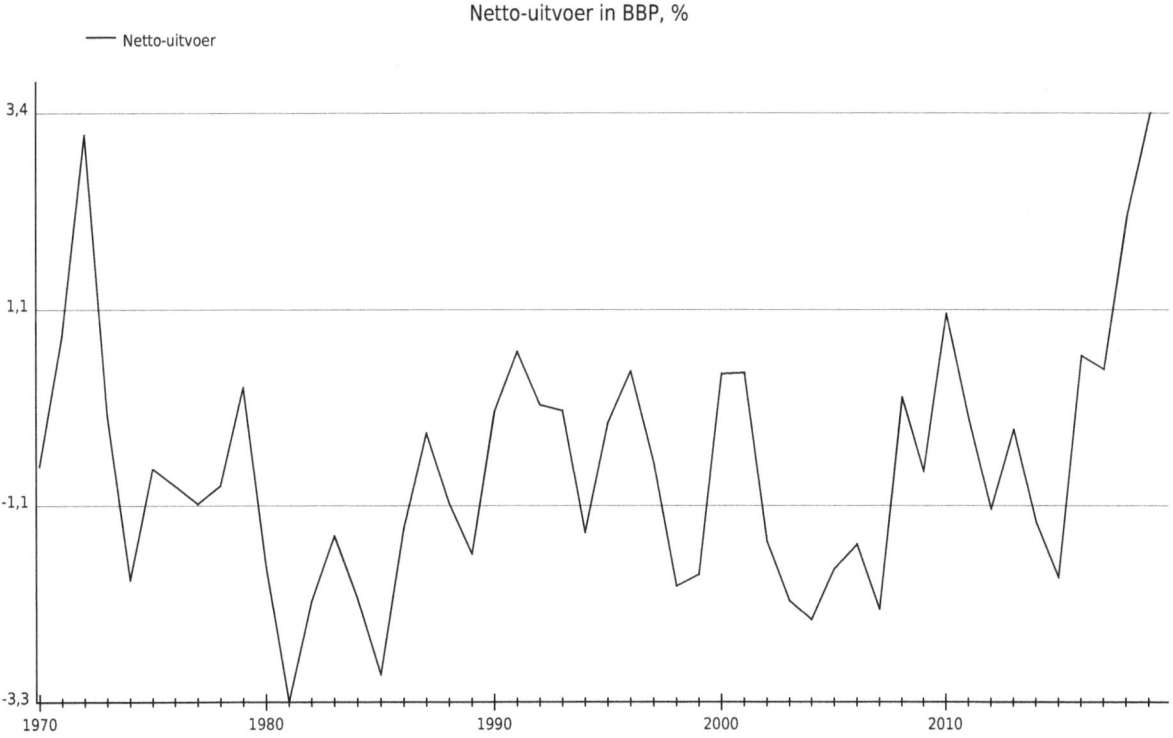

Netto-uitvoer in BBP, %

Hoofdstuk X. Uitvoer

Uitvoer van goederen en diensten

De waarde van de export in Australazië steeg van US$17,1 miljard per jaar in de jaren 1970 tot US$358,4 miljard per jaar in de jaren 2010, dat wil zeggen met US$341,3 miljard of 21,0 keer. De verandering vond plaats op US$242,7 miljard als gevolg van een 3,1-voudige stijging van de prijzen, en ook op US$86,8 miljard als gevolg van een 4,0-voudige toename van het tarief per hoofd , evenals op US$11,9 miljard als gevolg van de toename van de bevolking. De gemiddelde jaarlijkse groei van de export is 4,7%. De minimumwaarde van de export bedroeg US$7,2 miljard in 1970. De maximumwaarde van de export bedroeg US$409,9 miljard in 2018.

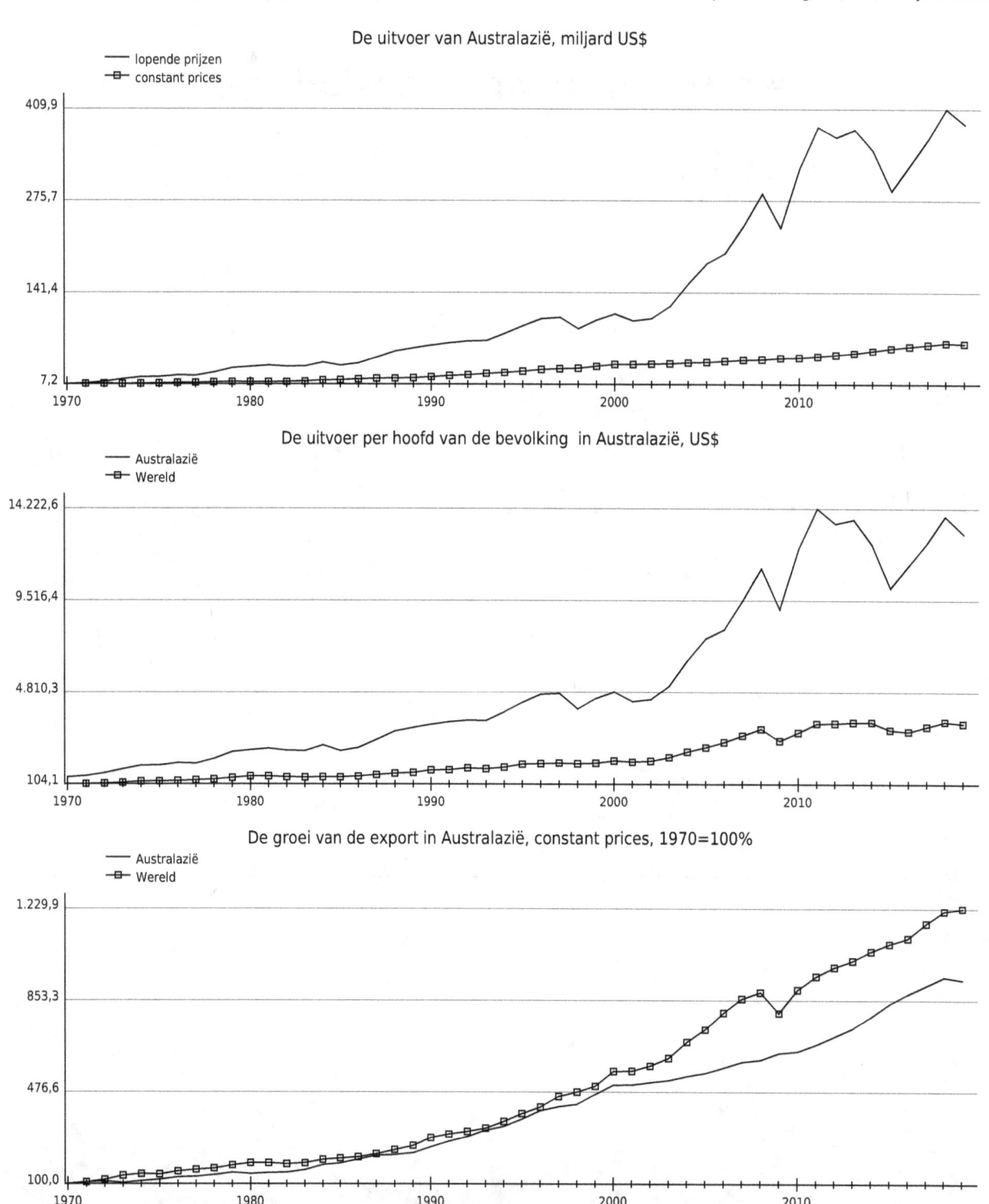

De uitvoer van Australazië, miljard US$

De uitvoer per hoofd van de bevolking in Australazië, US$

De groei van de export in Australazië, constant prices, 1970=100%

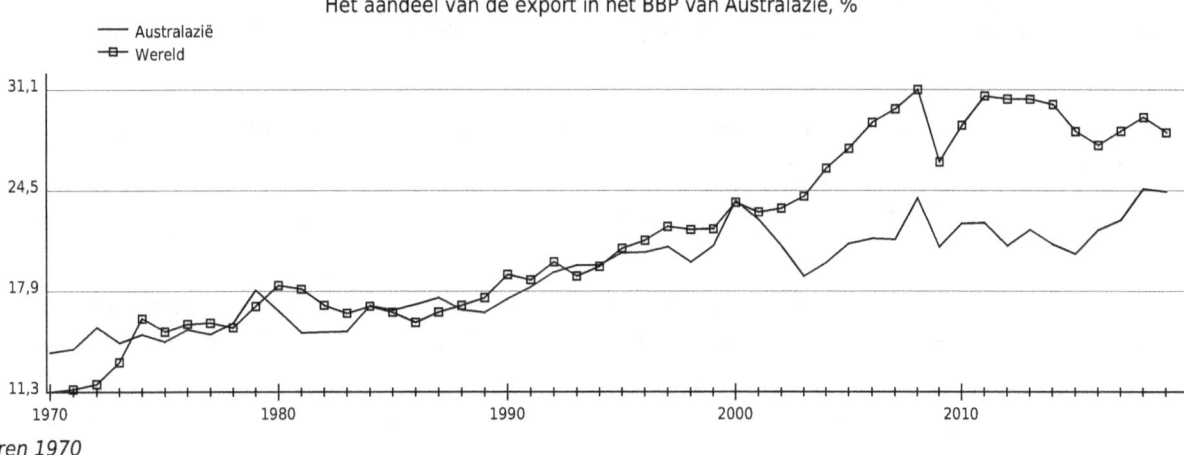

Het aandeel van de export in het BBP van Australazië, %

de jaren 1970

De uitvoer van Australazië bedroeg in de jaren 1970 US$17,1 miljard per jaar. Het aandeel in de wereld was 1,7%, en 90,7% in Oceanië.

Het aandeel van de export in het BBP van Australazië was 15,5% in de jaren 1970, en was vergelijkbaar met Malawi (15,5%), Palestina (15,5%), Oeganda (15,5%).

De waarde van de export per hoofd in Australazië was $1.023,8 in de jaren 1970s, en was vergelijkbaar met Oman (US$1.040,2), Australië (US$1.007,4), Suriname (US$1.045,2). De uitvoer per hoofd in Australazië was in 4,2 keer hoger dan de export per hoofd van de bevolking in de wereld ($242,1), en was 16,0% hoger dan de export per hoofd van de bevolking in Oceanië ($242,1).

De groei van de export in Australazië bedroeg 4.3% in de jaren 1970, en was vergelijkbaar met Suriname (4,3%), Zweden (4,3%), Kiribati (4,3%). De groei van de export in Australazië (4,3%) was minder dan de groei van de export in de wereld (6,5%), was minder dan de groei van de export in Oceanië (4,4%).

Vergelijking met subregio's. De waarde van de export in Australazië was groter dan in Melanesië (US$1,5 miljard), in Polynesië (US$166,7 miljoen) en in Micronesië (US$65,5 miljoen). De uitvoer per hoofd in Australazië was in Australazië groter dan in Polynesië (US$423,3), in Micronesië (US$400,6) en in Melanesië (US$370,8). De groei van de export in Australazië was groter dan in Micronesië (3,5%) en in Polynesië (-0,32%); maar minder dan in Melanesië (6,1%).

Leiders. De waarde van de export in Australazië in de jaren 1970 bestond uit: Australië (80,6%), Nieuw-Zeeland (19,4%). Het aandeel van de export in BBP van de leiders: Nieuw-Zeeland (24,9%) en Australië (14,2%). De waarde van de export per hoofd in Australazië onder de leiders: Nieuw-Zeeland ($1.098,0) en Australië ($1.007,4). De groei van de export onder de leiders: Australië (4,4%) en Nieuw-Zeeland (3,8%).

de jaren 1980

De waarde van de export in Australazië bedroeg in de jaren 1980 US$40,6 miljard per jaar. Het aandeel in de wereld was 1,6%, en 92,1% in Oceanië.

Het aandeel van de export in het BBP van Australazië was 16,4% in de jaren 1980, en was vergelijkbaar met Niger (16,4%).

De uitvoer per hoofd in Australazië was $2.154,5 in de jaren 1980s, en was vergelijkbaar met Trinidad en Tobago (US$2,2 duizend), Oman (US$2,2 duizend). De uitvoer per hoofd in Australazië was in 4,1 keer hoger dan de export per hoofd van de bevolking in de wereld ($529,9), en was 21,1% hoger dan de export per hoofd van de bevolking in Oceanië ($529,9).

De groei van de export in Australazië bedroeg 4.5% in de jaren 1980, en was vergelijkbaar met Oostenrijk (4,5%). De groei van de export in Australazië (4,5%) was groter dan de groei van de export in de wereld (3,8%), was groter dan de groei van de export in Oceanië (4,3%).

Vergelijking met subregio's. De waarde van de export in Australazië was groter dan in Melanesië (US$3,0 miljard), in Polynesië (US$474,6 miljoen) en in Micronesië (US$61,2 miljoen). De waarde van de export per hoofd in Australazië was in Australazië groter dan in Polynesië (US$1.046,5), in Melanesië (US$559,7) en in Micronesië (US$294,5). De groei van de export in Australazië was groter dan in Melanesië (2,8%) en in Micronesië (-5,4%); maar minder dan in Polynesië (5,9%).

Leiders. De uitvoer van Australazië in de jaren 1980 bestond uit: Australië (79,3%), Nieuw-Zeeland (20,7%). Het aandeel van de export in BBP van de leiders: Nieuw-Zeeland (27,5%) en Australië (14,8%). De uitvoer per hoofd in Australazië onder de leiders: Nieuw-Zeeland ($2.588,0) en Australië ($2.064,1). De groei van de export onder de leiders: Australië (4,8%) en Nieuw-Zeeland (3,6%).

de jaren 1990

De waarde van de export in Australazië bedroeg in de jaren 1990 US$84,5 miljard per jaar. Het aandeel in de wereld was 1,4%, en 92,8% in Oceanië.

Het aandeel van de export in het BBP van Australazië was 19,7% in de jaren 1990, en was vergelijkbaar met Kenia (19,9%), Mexico (19,6%), Sierra Leone (19,9%).

De waarde van de export per hoofd in Australazië was $3.927,7 in de jaren 1990s. De waarde van de export per hoofd in Australazië was in 3,8 keer hoger dan de export per hoofd van de bevolking in de wereld ($1.029,5), en was 24,7% hoger dan de export per hoofd van de bevolking in Oceanië ($1.029,5).

De groei van de export in Australazië bedroeg 7.5% in de jaren 1990, en was vergelijkbaar met Grenada (7,6%). De groei van de export in Australazië (7,5%) was groter dan de groei van de export in de wereld (6,9%), was groter dan de groei van de export in Oceanië (7,2%).

Vergelijking met subregio's. De uitvoer van Australazië was groter dan in Melanesië (US$5,4 miljard), in Polynesië (US$1,0 miljard) en in Micronesië (US$92,8 miljoen). De uitvoer per hoofd in Australazië was in Australazië groter dan in Polynesië (US$2,1 duizend), in Melanesië (US$820,7) en in Micronesië (US$358,1). De groei van de export in Australazië was groter dan in Polynesië (4,9%), in Melanesië (3,7%) en in Micronesië (-2,6%).

Leiders. De waarde van de export in Australazië in de jaren 1990 bestond uit: Australië (80,8%), Nieuw-Zeeland (19,2%). Het aandeel van de export in BBP van de leiders: Nieuw-Zeeland (29,5%) en Australië (18,3%). De uitvoer per hoofd in Australazië onder de leiders: Nieuw-Zeeland ($4.463,6) en Australië ($3.819,0). De groei van de export onder de leiders: Australië (7,9%) en Nieuw-Zeeland (6,2%).

de jaren 2000

De uitvoer van Australazië bedroeg in de jaren 2000 US$173,2 miljard per jaar. Het aandeel in de wereld was 1,4%, en 94,6% in Oceanië.

Het aandeel van de export in het BBP van Australazië was 21,4% in de jaren 2000, en was vergelijkbaar met Kenia (21,4%), Griekenland (21,3%).

De uitvoer per hoofd in Australazië was $7.134,6 in de jaren 2000s, en was vergelijkbaar met Australië (US$7,1 duizend), Oman (US$7,0 duizend), Saoedi-Arabië (US$7,0 duizend). De waarde van de export per hoofd in Australazië was in 3,7 keer hoger dan de export per hoofd van de bevolking in de wereld ($1.933,7), en was 29,8% hoger dan de export per hoofd van de bevolking in Oceanië ($1.933,7).

De groei van de export in Australazië bedroeg 3.1% in de jaren 2000, en was vergelijkbaar met Papoea-Nieuw-Guinea (3,1%), Australië (3,1%). De groei van de export in Australazië (3,1%) was minder dan de groei van de export in de wereld (4,8%), was groter dan de groei van de export in Oceanië (3,0%).

Vergelijking met subregio's. De uitvoer van Australazië was groter dan in Melanesië (US$8,3 miljard), in Polynesië (US$1,4 miljard) en in Micronesië (US$189,4 miljoen). De uitvoer per hoofd in Australazië was in Australazië groter dan in Polynesië (US$2,5 duizend), in Melanesië (US$1.019,4) en in Micronesië (US$673,6). De groei van de export in Australazië was groter dan in Melanesië (2,4%) en in Polynesië (-1,7%); maar minder dan in Micronesië (6,3%).

Leiders. De waarde van de export in Australazië in de jaren 2000 bestond uit: Australië (82,8%), Nieuw-Zeeland (17,2%). Het aandeel van de export in BBP van de leiders: Nieuw-Zeeland (30,5%) en Australië (20,2%). De waarde van de export per hoofd in Australazië onder de leiders: Nieuw-Zeeland ($7.262,8) en Australië ($7.108,5). De groei van de export onder de leiders: Australië (3,1%) en Nieuw-Zeeland (3,1%).

de jaren 2010

De uitvoer van Australazië bedroeg in de jaren 2010 US$358,4 miljard per jaar, en was vergelijkbaar met de Verenigde Arabische Emiraten (US$361,1 miljard). Het aandeel in de wereld was 1,6%, en 95,1% in Oceanië.

Het aandeel van de export in het BBP van Australazië was 22,2% in de jaren 2010, en was vergelijkbaar met Kameroen (22,2%),

Myanmar (22,3%), Zimbabwe (22,2%).

De waarde van de export per hoofd in Australazië was $12.656,5 in de jaren 2010s, en was vergelijkbaar met Curaçao (US$12,6 duizend), Australië (US$12,9 duizend), het Verenigd Koninkrijk (US$12,4 duizend). De waarde van de export per hoofd in Australazië was in 4,1 keer hoger dan de export per hoofd van de bevolking in de wereld ($3.098,9), en was 31,9% hoger dan de export per hoofd van de bevolking in Oceanië ($3.098,9).

De groei van de export in Australazië bedroeg 4% in de jaren 2010, en was vergelijkbaar met Oceanië (3,9%), Vanuatu (4,0%). De groei van de export in Australazië (4,0%) was minder dan de groei van de export in de wereld (4,4%), was groter dan de groei van de export in Oceanië (3,9%).

Vergelijking met subregio's. De waarde van de export in Australazië was 22,0 keer groter dan in Melanesië (US$16,3 miljard), 205,9 keer groter dan in Polynesië (US$1,7 miljard) en 1.002,3 keer groter dan in Micronesië (US$357,6 miljoen). De waarde van de export per hoofd in Australazië was in Australazië4,3 keer groter dan in Polynesië (US$2,9 duizend), 7,8 keer groter dan in Melanesië (US$1.626,0) en 10,8 keer groter dan in Micronesië (US$1.176,5). De groei van de export in Australazië was groter dan in Melanesië (3,7%), in Micronesië (2,7%) en in Polynesië (2,5%).

Leiders. De waarde van de export in Australazië in de jaren 2010 bestond uit: Australië (85,2%), Nieuw-Zeeland (14,8%). Het aandeel van de export in BBP van de leiders: Nieuw-Zeeland (28,3%) en Australië (21,4%). De waarde van de export per hoofd in Australazië onder de leiders: Australië ($12.870,8) en Nieuw-Zeeland ($11.547,3). De groei van de export onder de leiders: Australië (4,2%) en Nieuw-Zeeland (2,9%).

Hoofdstuk XI. Invoer

Invoer van goederen en diensten

De waarde van de invoer in Australazië steeg van US$17,5 miljard per jaar in de jaren 1970 tot US$353,2 miljard per jaar in de jaren 2010, dat wil zeggen met US$335,8 miljard of 20,2 keer. De verandering vond plaats op US$178,4 miljard als gevolg van een 2,0-voudige stijging van de prijzen, en ook op US$145,2 miljard als gevolg van een 5,9-voudige toename van het tarief per hoofd , evenals op US$12,2 miljard als gevolg van de toename van de bevolking. De gemiddelde jaarlijkse groei van de invoer is 5,8%. De minimumwaarde van de invoer bedroeg US$7,5 miljard in 1970. De maximumwaarde van de invoer bedroeg US$387,7 miljard in 2012.

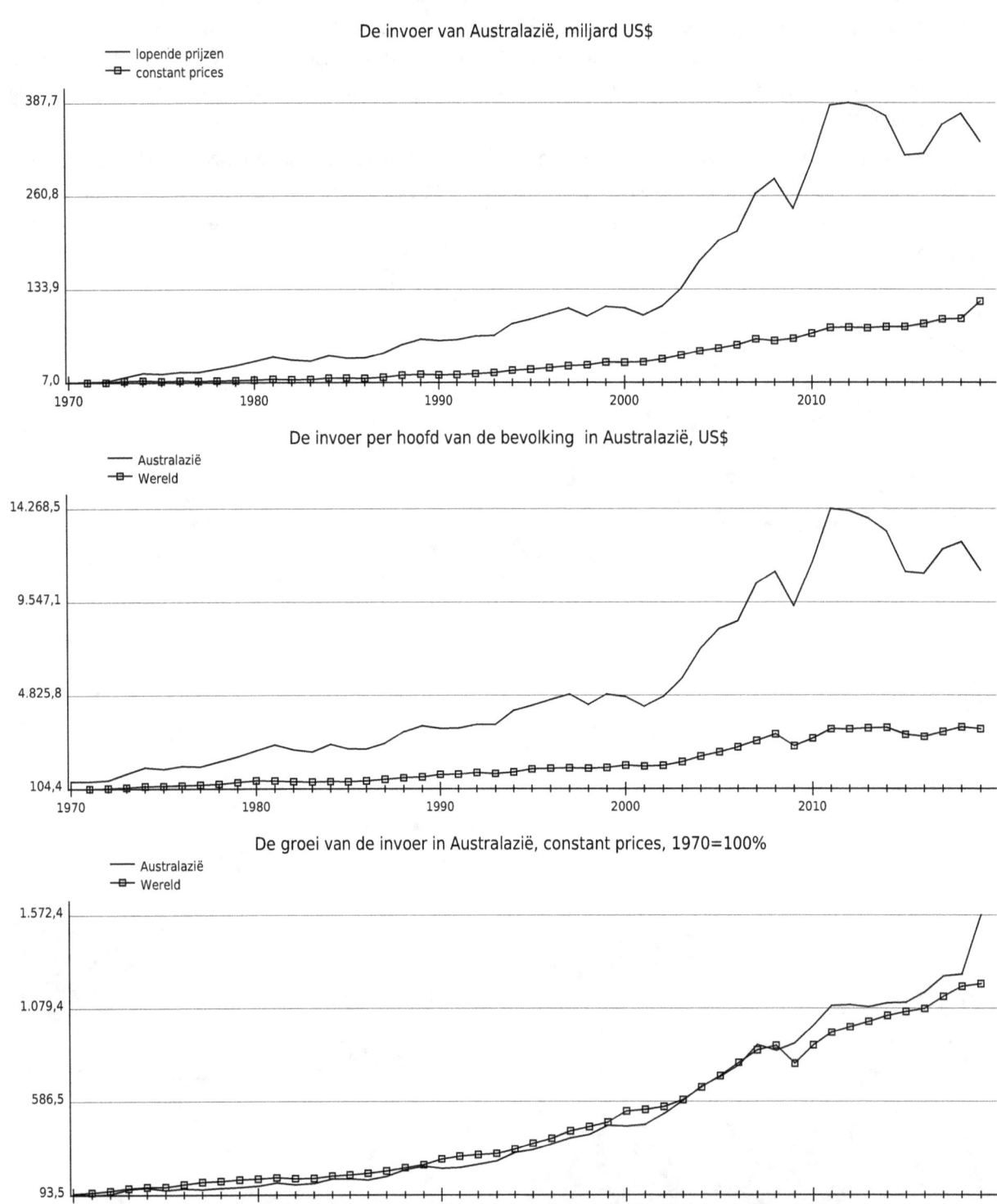

De invoer van Australazië, miljard US$

De invoer per hoofd van de bevolking in Australazië, US$

De groei van de invoer in Australazië, constant prices, 1970=100%

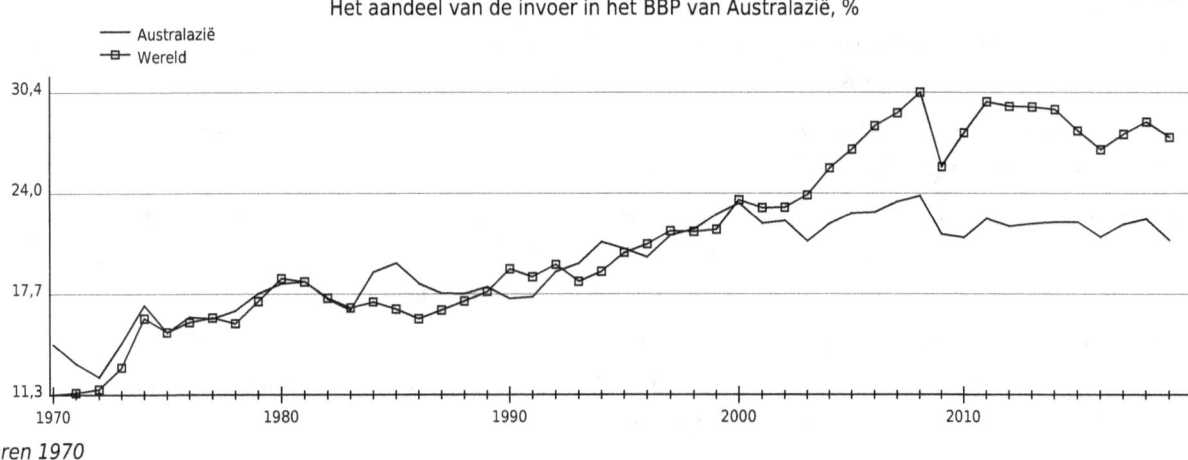

Het aandeel van de invoer in het BBP van Australazië, %

de jaren 1970

De waarde van de invoer in Australazië bedroeg in de jaren 1970 US$17,5 miljard per jaar. Het aandeel in de wereld was 1,8%, en 89,6% in Oceanië.

Het aandeel van de invoer in het BBP van Australazië was 15,8% in de jaren 1970.

De invoer per hoofd in Australazië was $1.047,8 in de jaren 1970s, en was vergelijkbaar met Barbados (US$1.050,9), Suriname (US$1.061,5). De invoer per hoofd in Australazië was in 4,3 keer hoger dan de invoer per hoofd van de bevolking in de wereld ($244,3), en was 14,7% hoger dan de invoer per hoofd van de bevolking in Oceanië ($244,3).

De groei van de invoer in Australazië bedroeg 3.2% in de jaren 1970, en was vergelijkbaar met Djibouti (3,2%). De groei van de invoer in Australazië (3,2%) was minder dan de groei van de invoer in de wereld (6,3%), was groter dan de groei van de invoer in Oceanië (2,8%).

Vergelijking met subregio's. De waarde van de invoer in Australazië was groter dan in Melanesië (US$1,6 miljard), in Polynesië (US$361,3 miljoen) en in Micronesië (US$86,6 miljoen). De waarde van de invoer per hoofd in Australazië was in Australazië groter dan in Polynesië (US$917,2), in Micronesië (US$529,2) en in Melanesië (US$383,9). De groei van de invoer in Australazië was groter dan in Polynesië (1,7%) en in Melanesië (0,084%); maar minder dan in Micronesië (5,0%).

Leiders. De waarde van de invoer in Australazië in de jaren 1970 bestond uit: Australië (79,1%), Nieuw-Zeeland (20,9%). Het aandeel van de invoer in BBP van de leiders: Nieuw-Zeeland (27,3%) en Australië (14,2%). De invoer per hoofd in Australazië onder de leiders: Nieuw-Zeeland ($1.207,3) en Australië ($1.012,5). De groei van de invoer onder de leiders: Australië (3,3%) en Nieuw-Zeeland (3,1%).

de jaren 1980

De invoer van Australazië bedroeg in de jaren 1980 US$44,8 miljard per jaar, en was vergelijkbaar met Saoedi-Arabië (US$44,4 miljard). Het aandeel in de wereld was 1,7%, en 91,0% in Oceanië.

Het aandeel van de invoer in het BBP van Australazië was 18,1% in de jaren 1980, en was vergelijkbaar met Ecuador (18,2%).

De waarde van de invoer per hoofd in Australazië was $2.378,7 in de jaren 1980s, en was vergelijkbaar met Australië (US$2,3 duizend). De invoer per hoofd in Australazië was in 4,4 keer hoger dan de invoer per hoofd van de bevolking in de wereld ($539,1), en was 19,7% hoger dan de invoer per hoofd van de bevolking in Oceanië ($539,1).

De groei van de invoer in Australazië bedroeg 6.2% in de jaren 1980. De groei van de invoer in Australazië (6,2%) was groter dan de groei van de invoer in de wereld (3,8%), was groter dan de groei van de invoer in Oceanië (5,7%).

Vergelijking met subregio's. De waarde van de invoer in Australazië was groter dan in Melanesië (US$3,4 miljard), in Polynesië (US$824,7 miljoen) en in Micronesië (US$239,7 miljoen). De waarde van de invoer per hoofd in Australazië was in Australazië groter dan in Polynesië (US$1.818,6), in Micronesië (US$1.154,3) en in Melanesië (US$639,7). De groei van de invoer in Australazië was groter dan in Micronesië (4,0%), in Polynesië (2,5%) en in Melanesië (2,5%).

Leiders. De invoer van Australazië in de jaren 1980 bestond uit: Australië (81,2%), Nieuw-Zeeland (18,8%). Het aandeel van de invoer in BBP van de leiders: Nieuw-Zeeland (27,5%) en Australië (16,8%). De waarde van de invoer per hoofd in Australazië onder de leiders: Nieuw-Zeeland ($2.588,3) en Australië ($2.335,0). De groei van de invoer onder de leiders: Australië (6,8%) en Nieuw-Zeeland (4,2%).

de jaren 1990

De invoer van Australazië bedroeg in de jaren 1990 US$86,7 miljard per jaar, en was vergelijkbaar met Zuid-Azië (US$85,4 miljard). Het aandeel in de wereld was 1,5%, en 92,4% in Oceanië.

Het aandeel van de invoer in het BBP van Australazië was 20,2% in de jaren 1990, en was vergelijkbaar met de Wereld (20,2%), West-Afrika (20,4%), Tanzania (20,4%).

De invoer per hoofd in Australazië was $4.028,4 in de jaren 1990s, en was vergelijkbaar met Australië (US$4,0 duizend), Italië (US$4,1 duizend). De waarde van de invoer per hoofd in Australazië was in 4,0 keer hoger dan de invoer per hoofd van de bevolking in de wereld ($1.015,5), en was 24,2% hoger dan de invoer per hoofd van de bevolking in Oceanië ($1.015,5).

De groei van de invoer in Australazië bedroeg 6.6% in de jaren 1990, en was vergelijkbaar met de Verenigde Arabische Emiraten (6,6%), de Wereld (6,6%), Bangladesh (6,6%). De groei van de invoer in Australazië (6,6%) was minder dan de groei van de invoer in de wereld (6,6%), was groter dan de groei van de invoer in Oceanië (6,2%).

Vergelijking met subregio's. De waarde van de invoer in Australazië was groter dan in Melanesië (US$5,5 miljard), in Polynesië (US$1,3 miljard) en in Micronesië (US$383,0 miljoen). De invoer per hoofd in Australazië was in Australazië groter dan in Polynesië (US$2,5 duizend), in Micronesië (US$1.478,5) en in Melanesië (US$826,6). De groei van de invoer in Australazië was groter dan in Melanesië (3,0%), in Polynesië (1,0%) en in Micronesië (-2,0%).

Leiders. De waarde van de invoer in Australazië in de jaren 1990 bestond uit: Australië (82,6%), Nieuw-Zeeland (17,4%). Het aandeel van de invoer in BBP van de leiders: Nieuw-Zeeland (27,5%) en Australië (19,2%). De invoer per hoofd in Australazië onder de leiders: Nieuw-Zeeland ($4.165,7) en Australië ($4.000,6). De groei van de invoer onder de leiders: Australië (6,9%) en Nieuw-Zeeland (5,4%).

de jaren 2000

De waarde van de invoer in Australazië bedroeg in de jaren 2000 US$182,8 miljard per jaar, en was vergelijkbaar met India (US$186,2 miljard). Het aandeel in de wereld was 1,5%, en 93,9% in Oceanië.

Het aandeel van de invoer in het BBP van Australazië was 22,6% in de jaren 2000, en was vergelijkbaar met Zuid-Azië (22,6%), Tanzania (22,7%), de Centraal-Afrikaanse Republiek (22,7%).

De invoer per hoofd in Australazië was $7.527,4 in de jaren 2000s, en was vergelijkbaar met Tsjechië (US$7,5 duizend), Italië (US$7,6 duizend), Palau (US$7,4 duizend). De waarde van de invoer per hoofd in Australazië was in 4,0 keer hoger dan de invoer per hoofd van de bevolking in de wereld ($1.899,9), en was 28,8% hoger dan de invoer per hoofd van de bevolking in Oceanië ($1.899,9).

De groei van de invoer in Australazië bedroeg 6.9% in de jaren 2000, en was vergelijkbaar met Armenië (6,8%). De groei van de invoer in Australazië (6,9%) was groter dan de groei van de invoer in de wereld (5,1%), was groter dan de groei van de invoer in Oceanië (6,6%).

Vergelijking met subregio's. De invoer van Australazië was groter dan in Melanesië (US$8,9 miljard), in Polynesië (US$2,5 miljard) en in Micronesië (US$580,4 miljoen). De invoer per hoofd in Australazië was in Australazië groter dan in Polynesië (US$4,4 duizend), in Micronesië (US$2,1 duizend) en in Melanesië (US$1.083,4). De groei van de invoer in Australazië was groter dan in Melanesië (4,1%), in Polynesië (3,3%) en in Micronesië (2,4%).

Leiders. De waarde van de invoer in Australazië in de jaren 2000 bestond uit: Australië (84,1%), Nieuw-Zeeland (15,9%). Het aandeel van de invoer in BBP van de leiders: Nieuw-Zeeland (29,7%) en Australië (21,6%). De waarde van de invoer per hoofd in Australazië onder de leiders: Australië ($7.619,8) en Nieuw-Zeeland ($7.072,1). De groei van de invoer onder de leiders: Australië (7,5%) en Nieuw-Zeeland (3,6%).

de jaren 2010

De invoer van Australazië bedroeg in de jaren 2010 US$353,2 miljard per jaar. Het aandeel in de wereld was 1,6%, en 94,0% in Oceanië.

Het aandeel van de invoer in het BBP van Australazië was 21,9% in de jaren 2010, en was vergelijkbaar met Indonesië (21,8%).

De waarde van de invoer per hoofd in Australazië was $12.474,1 in de jaren 2010s, en was vergelijkbaar met Frankrijk (US$12,5 duizend), Australië (US$12,7 duizend). De waarde van de invoer per hoofd in Australazië was in 4,1 keer hoger dan de invoer per hoofd van de bevolking in de wereld ($3.015,6), en was 30,3% hoger dan de invoer per hoofd van de bevolking in Oceanië ($3.015,6).

De groei van de invoer in Australazië bedroeg 5.8% in de jaren 2010, en was vergelijkbaar met Hongarije (5,8%), Guinee-Bissau (5,8%). De groei van de invoer in Australazië (5,8%) was groter dan de groei van de invoer in de wereld (4,4%), was groter dan de groei van de invoer in Oceanië (5,7%).

Vergelijking met subregio's. De waarde van de invoer in Australazië was 19,2 keer groter dan in Melanesië (US$18,4 miljard), 114,1 keer groter dan in Polynesië (US$3,1 miljard) en 380,8 keer groter dan in Micronesië (US$927,5 miljoen). De waarde van de invoer per hoofd in Australazië was in Australazië2,4 keer groter dan in Polynesië (US$5,2 duizend), 4,1 keer groter dan in Micronesië (US$3,1 duizend) en 6,8 keer groter dan in Melanesië (US$1.835,8). De groei van de invoer in Australazië was groter dan in Melanesië (3,6%), in Micronesië (2,3%) en in Polynesië (1,4%).

Leiders. De invoer van Australazië in de jaren 2010 bestond uit: Australië (85,5%), Nieuw-Zeeland (14,5%). Het aandeel van de invoer in BBP van de leiders: Nieuw-Zeeland (27,4%) en Australië (21,2%). De waarde van de invoer per hoofd in Australazië onder de leiders: Australië ($12.728,6) en Nieuw-Zeeland ($11.156,7). De groei van de invoer onder de leiders: Nieuw-Zeeland (17,5%) en Australië (2,4%).

Part IV. Verbruik

Hoofdstuk XII. Overheidsuitgaven

Consumptie-uitgaven van de overheid

De overheidsuitgaven van Australazië steeg van US$18,4 miljard per jaar in de jaren 1970 tot US$297,8 miljard per jaar in de jaren 2010, dat wil zeggen met US$279,4 miljard of 16,2 keer. De verandering vond plaats op US$234,7 miljard als gevolg van een 4,7-voudige stijging van de prijzen, en ook op US$31,8 miljard als gevolg van een 2,0-voudige toename van het tarief per hoofd , evenals op US$12,9 miljard als gevolg van de toename van de bevolking. De gemiddelde jaarlijkse groei van de overheidsuitgaven is 3,3%. De minimumwaarde van de overheidsuitgaven bedroeg US$7,3 miljard in 1970. De maximumwaarde van de overheidsuitgaven bedroeg US$317,7 miljard in 2019.

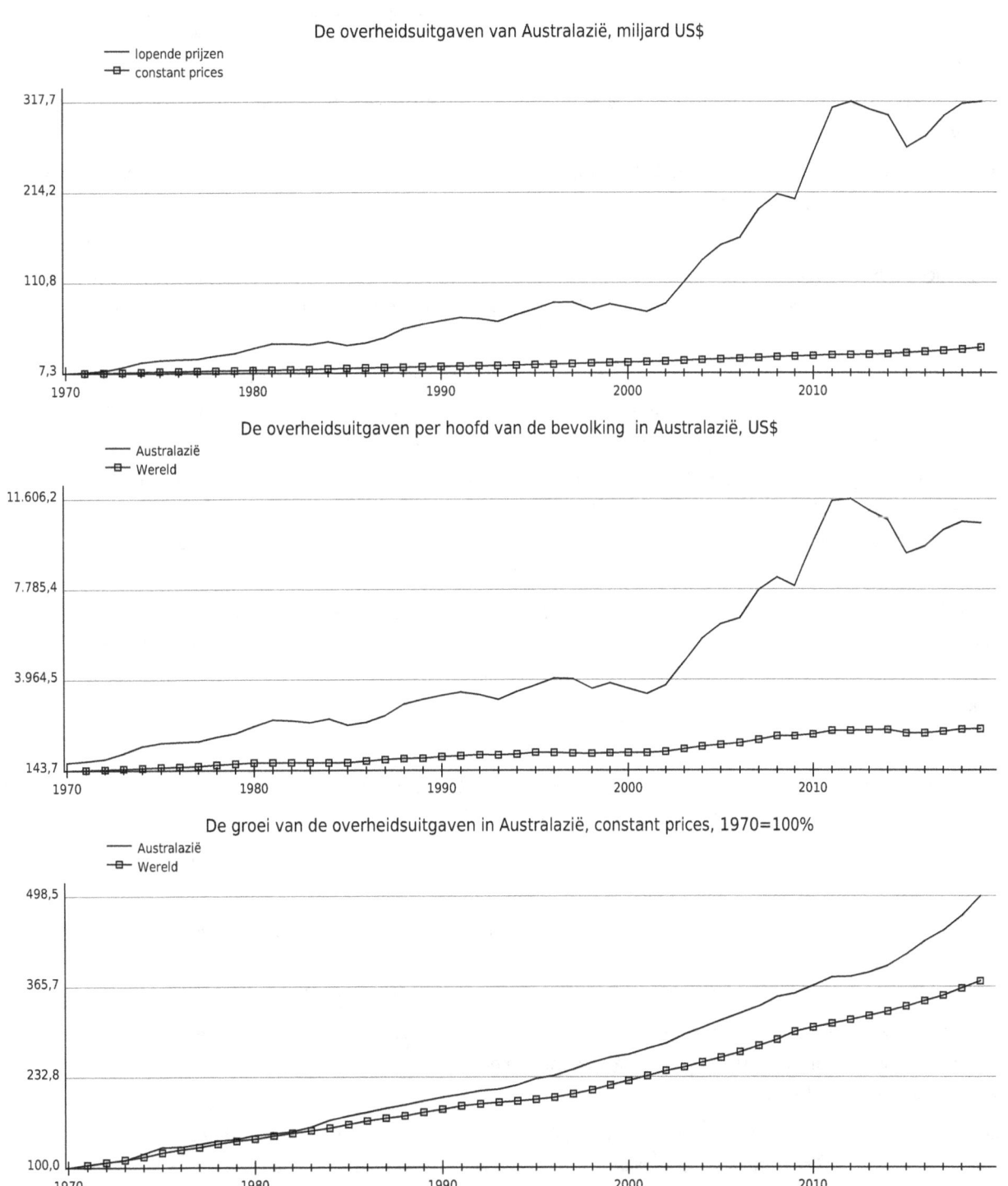

De overheidsuitgaven van Australazië, miljard US$

De overheidsuitgaven per hoofd van de bevolking in Australazië, US$

De groei van de overheidsuitgaven in Australazië, constant prices, 1970=100%

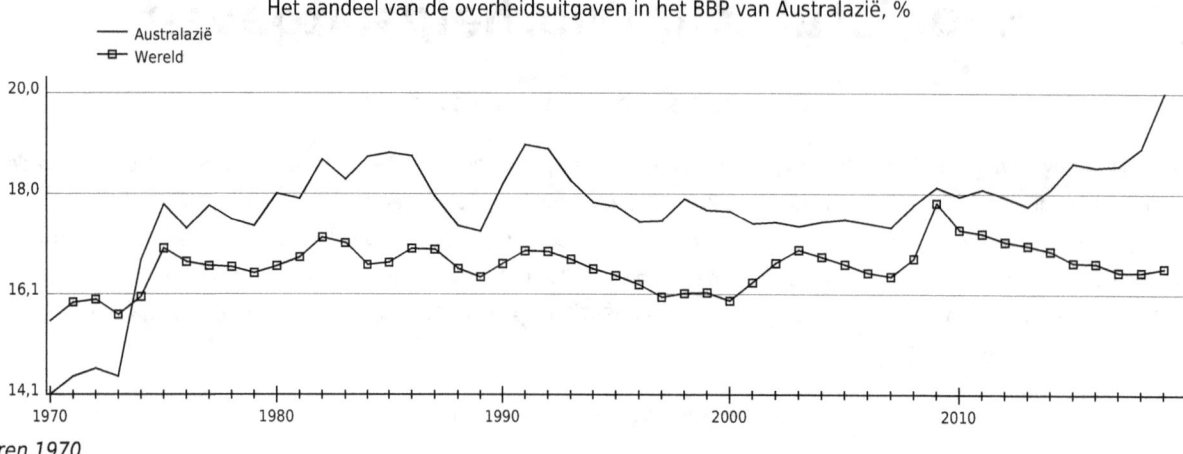

Het aandeel van de overheidsuitgaven in het BBP van Australazië, %

de jaren 1970

De overheidsuitgaven van Australazië bedroeg in de jaren 1970 US$18,4 miljard per jaar. Het aandeel in de wereld was 1,7%, en 93,9% in Oceanië.

Het aandeel van de overheidsuitgaven in het BBP van Australazië was 16,7% in de jaren 1970, en was vergelijkbaar met Australië (16,7%), Nieuw-Zeeland (16,7%), de Verenigde Staten (16,7%).

De overheidsuitgaven per hoofd in Australazië was $1.105,6 in de jaren 1970s, en was vergelijkbaar met Libië (US$1.119,3), Nieuw-Caledonië (US$1.126,4). De overheidsuitgaven per hoofd in Australazië was in 4,2 keer hoger dan de overheidsuitgaven per hoofd van de bevolking in de wereld ($265,2), en was 20,1% hoger dan de overheidsuitgaven per hoofd van de bevolking in Oceanië ($265,2).

De groei van de overheidsuitgaven in Australazië bedroeg 3.9% in de jaren 1970, en was vergelijkbaar met Albanië (3,9%), Uruguay (3,9%), Oceanië (3,9%). De groei van de overheidsuitgaven in Australazië (3,9%) was groter dan de groei van de overheidsuitgaven in de wereld (3,7%), was minder dan de groei van de overheidsuitgaven in Oceanië (3,9%).

Vergelijking met subregio's. De overheidsuitgaven van Australazië was groter dan in Melanesië (US$922,6 miljoen), in Polynesië (US$231,3 miljoen) en in Micronesië (US$54,1 miljoen). De overheidsuitgaven per hoofd in Australazië was in Australazië groter dan in Polynesië (US$587,1), in Micronesië (US$330,8) en in Melanesië (US$225,1). De groei van de overheidsuitgaven in Australazië was groter dan in Polynesië (3,7%) en in Micronesië (2,4%); maar minder dan in Melanesië (4,3%).

Leiders. De overheidsuitgaven van Australazië in de jaren 1970 bestond uit: Australië (87,9%), Nieuw-Zeeland (12,1%). Het aandeel van de overheidsuitgaven in BBP van de leiders: Nieuw-Zeeland (16,7%) en Australië (16,7%). De overheidsuitgaven per hoofd in Australazië onder de leiders: Australië ($1.187,0) en Nieuw-Zeeland ($737,4). De groei van de overheidsuitgaven onder de leiders: Australië (4,0%) en Nieuw-Zeeland (3,5%).

de jaren 1980

De overheidsuitgaven van Australazië bedroeg in de jaren 1980 US$44,9 miljard per jaar, en was vergelijkbaar met China (US$44,6 miljard). Het aandeel in de wereld was 1,8%, en 94,6% in Oceanië.

Het aandeel van de overheidsuitgaven in het BBP van Australazië was 18,1% in de jaren 1980, en was vergelijkbaar met Australië (18,1%), Madagaskar (18,1%), Niger (18,1%).

De overheidsuitgaven per hoofd in Australazië was $2.382,2 in de jaren 1980s, en was vergelijkbaar met Zwitserland (US$2,4 duizend). De overheidsuitgaven per hoofd in Australazië was in 4,6 keer hoger dan de overheidsuitgaven per hoofd van de bevolking in de wereld ($523,5), en was 24,4% hoger dan de overheidsuitgaven per hoofd van de bevolking in Oceanië ($523,5).

De groei van de overheidsuitgaven in Australazië bedroeg 3.4% in de jaren 1980, en was vergelijkbaar met Oceanië (3,4%). De groei van de overheidsuitgaven in Australazië (3,4%) was groter dan de groei van de overheidsuitgaven in de wereld (2,7%), was groter dan de groei van de overheidsuitgaven in Oceanië (3,4%).

Vergelijking met subregio's. De overheidsuitgaven van Australazië was groter dan in Melanesië (US$1,8 miljard), in Polynesië (US$609,5 miljoen) en in Micronesië (US$129,3 miljoen). De overheidsuitgaven per hoofd in Australazië was in Australazië groter dan in Polynesië (US$1.343,9), in Micronesië (US$622,3) en in Melanesië (US$345,6). De groei van de overheidsuitgaven in Australazië was groter dan in Micronesië (3,4%) en in Melanesië (2,1%); maar minder dan in Polynesië (4,0%).

Leiders. De overheidsuitgaven van Australazië in de jaren 1980 bestond uit: Australië (87,7%), Nieuw-Zeeland (12,3%). Het aandeel van de overheidsuitgaven in BBP van de leiders: Australië (18,1%) en Nieuw-Zeeland (18,1%). De overheidsuitgaven per hoofd in Australazië onder de leiders: Australië ($2.524,4) en Nieuw-Zeeland ($1.700,5). De groei van de overheidsuitgaven onder de leiders: Australië (3,7%) en Nieuw-Zeeland (1,7%).

de jaren 1990

De overheidsuitgaven van Australazië bedroeg in de jaren 1990 US$77,2 miljard per jaar. Het aandeel in de wereld was 1,6%, en 94,8% in Oceanië.

Het aandeel van de overheidsuitgaven in het BBP van Australazië was 18,0% in de jaren 1990, en was vergelijkbaar met Kaapverdië (18,0%), Tonga (18,0%), Zuid-Europa (18,1%).

De overheidsuitgaven per hoofd in Australazië was $3.587,8 in de jaren 1990s, en was vergelijkbaar met de Seychellen (US$3,5 duizend). De overheidsuitgaven per hoofd in Australazië was in 4,3 keer hoger dan de overheidsuitgaven per hoofd van de bevolking in de wereld ($824,8), en was 27,4% hoger dan de overheidsuitgaven per hoofd van de bevolking in Oceanië ($824,8).

De groei van de overheidsuitgaven in Australazië bedroeg 2.8% in de jaren 1990, en was vergelijkbaar met Mozambique (2,8%). De groei van de overheidsuitgaven in Australazië (2,8%) was groter dan de groei van de overheidsuitgaven in de wereld (2,0%), was groter dan de groei van de overheidsuitgaven in Oceanië (2,8%).

Vergelijking met subregio's. De overheidsuitgaven van Australazië was groter dan in Melanesië (US$2,8 miljard), in Polynesië (US$1,2 miljard) en in Micronesië (US$234,1 miljoen). De overheidsuitgaven per hoofd in Australazië was in Australazië groter dan in Polynesië (US$2,3 duizend), in Micronesië (US$903,8) en in Melanesië (US$419,7). De groei van de overheidsuitgaven in Australazië was groter dan in Polynesië (1,9%), in Melanesië (0,99%) en in Micronesië (-0,20%).

Leiders. De overheidsuitgaven van Australazië in de jaren 1990 bestond uit: Australië (87,6%), Nieuw-Zeeland (12,4%). Het aandeel van de overheidsuitgaven in BBP van de leiders: Australië (18,1%) en Nieuw-Zeeland (17,4%). De overheidsuitgaven per hoofd in Australazië onder de leiders: Australië ($3.780,1) en Nieuw-Zeeland ($2.639,6). De groei van de overheidsuitgaven onder de leiders: Australië (3,1%) en Nieuw-Zeeland (1,4%).

de jaren 2000

De overheidsuitgaven van Australazië bedroeg in de jaren 2000 US$142,4 miljard per jaar. Het aandeel in de wereld was 1,8%, en 96,2% in Oceanië.

Het aandeel van de overheidsuitgaven in het BBP van Australazië was 17,6% in de jaren 2000, en was vergelijkbaar met Swaziland (17,6%), Oekraïne (17,7%), Australië (17,6%).

De overheidsuitgaven per hoofd in Australazië was $5.865,8 in de jaren 2000s, en was vergelijkbaar met Italië (US$5,8 duizend), Brunei (US$6,0 duizend), Israël (US$5,7 duizend). De overheidsuitgaven per hoofd in Australazië was in 4,9 keer hoger dan de overheidsuitgaven per hoofd van de bevolking in de wereld ($1.200,9), en was 31,9% hoger dan de overheidsuitgaven per hoofd van de bevolking in Oceanië ($1.200,9).

De groei van de overheidsuitgaven in Australazië bedroeg 3.1% in de jaren 2000, en was vergelijkbaar met Slovenië (3,1%), Oceanië (3,1%), San Marino (3,1%). De groei van de overheidsuitgaven in Australazië (3,1%) was groter dan de groei van de overheidsuitgaven in de wereld (3,1%), was minder dan de groei van de overheidsuitgaven in Oceanië (3,1%).

Vergelijking met subregio's. De overheidsuitgaven van Australazië was groter dan in Melanesië (US$3,5 miljard), in Polynesië (US$1,9 miljard) en in Micronesië (US$319,2 miljoen). De overheidsuitgaven per hoofd in Australazië was in Australazië groter dan in Polynesië (US$3,4 duizend), in Micronesië (US$1.135,0) en in Melanesië (US$422,4). De groei van de overheidsuitgaven in Australazië was groter dan in Micronesië (1,4%); maar minder dan in Melanesië (3,7%) en in Polynesië (3,6%).

Leiders. De overheidsuitgaven van Australazië in de jaren 2000 bestond uit: Australië (87,6%), Nieuw-Zeeland (12,4%). Het aandeel van de overheidsuitgaven in BBP van de leiders: Nieuw-Zeeland (18,1%) en Australië (17,6%). De overheidsuitgaven per hoofd in Australazië onder de leiders: Australië ($6.184,1) en Nieuw-Zeeland ($4.298,7). De groei van de overheidsuitgaven onder de leiders:

Nieuw-Zeeland (3,6%) en Australië (3,1%).

de jaren 2010

De overheidsuitgaven van Australazië bedroeg in de jaren 2010 US$297,8 miljard per jaar. Het aandeel in de wereld was 2,3%, en 96,5% in Oceanië.

Het aandeel van de overheidsuitgaven in het BBP van Australazië was 18,5% in de jaren 2010, en was vergelijkbaar met Australië (18,4%), Oceanië (18,6%).

De overheidsuitgaven per hoofd in Australazië was $10.517,2 in de jaren 2010s, en was vergelijkbaar met België (US$10,7 duizend), San Marino (US$10,3 duizend). De overheidsuitgaven per hoofd in Australazië was in 5,9 keer hoger dan de overheidsuitgaven per hoofd van de bevolking in de wereld ($1.785,1), en was 33,8% hoger dan de overheidsuitgaven per hoofd van de bevolking in Oceanië ($1.785,1).

De groei van de overheidsuitgaven in Australazië bedroeg 3.4% in de jaren 2010, en was vergelijkbaar met Hongkong (3,4%), Saint Kitts en Nevis (3,4%), Israël (3,4%). De groei van de overheidsuitgaven in Australazië (3,4%) was groter dan de groei van de overheidsuitgaven in de wereld (2,3%), was groter dan de groei van de overheidsuitgaven in Oceanië (3,3%).

Vergelijking met subregio's. De overheidsuitgaven van Australazië was 36,6 keer groter dan in Melanesië (US$8,1 miljard), 132,1 keer groter dan in Polynesië (US$2,3 miljard) en 637,7 keer groter dan in Micronesië (US$467,0 miljoen). De overheidsuitgaven per hoofd in Australazië was in Australazië2,8 keer groter dan in Polynesië (US$3,8 duizend), 6,8 keer groter dan in Micronesië (US$1.536,7) en 13,0 keer groter dan in Melanesië (US$810,7). De groei van de overheidsuitgaven in Australazië was groter dan in Micronesië (1,7%), in Polynesië (0,12%) en in Melanesië (-1,5%).

Leiders. De overheidsuitgaven van Australazië in de jaren 2010 bestond uit: Australië (88,3%), Nieuw-Zeeland (11,7%). Het aandeel van de overheidsuitgaven in BBP van de leiders: Nieuw-Zeeland (18,7%) en Australië (18,4%). De overheidsuitgaven per hoofd in Australazië onder de leiders: Australië ($11.078,9) en Nieuw-Zeeland ($7.609,7). De groei van de overheidsuitgaven onder de leiders: Australië (3,6%) en Nieuw-Zeeland (2,4%).

Hoofdstuk XIII. Huishoudelijke uitgaven

Consumptieve bestedingen van de huishoudens

De huishoudelijke uitgaven van Australazië steeg van US$62,3 miljard per jaar in de jaren 1970 tot US$915,5 miljard per jaar in de jaren 2010, dat wil zeggen met US$853,2 miljard of 14,7 keer. De verandering vond plaats op US$702,3 miljard als gevolg van een 4,3-voudige stijging van de prijzen, en ook op US$107,4 miljard als gevolg van een 2,0-voudige toename van het tarief per hoofd , evenals op US$43,5 miljard als gevolg van de toename van de bevolking. De gemiddelde jaarlijkse groei van de huishoudelijke uitgaven is 3,0%. De minimumwaarde van de huishoudelijke uitgaven bedroeg US$28,8 miljard in 1970. De maximumwaarde van de huishoudelijke uitgaven bedroeg US$988,0 miljard in 2012.

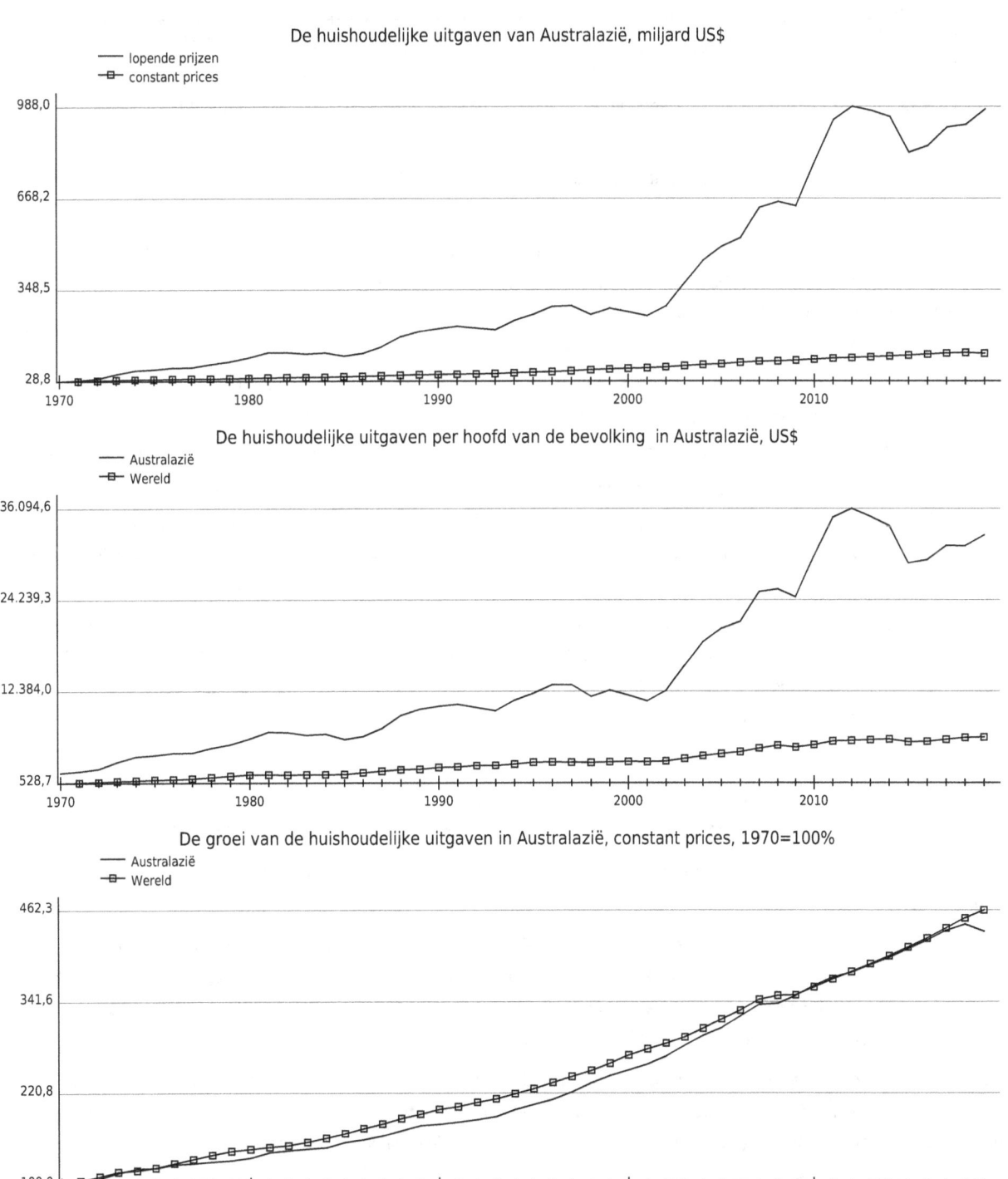

De huishoudelijke uitgaven van Australazië, miljard US$

De huishoudelijke uitgaven per hoofd van de bevolking in Australazië, US$

De groei van de huishoudelijke uitgaven in Australazië, constant prices, 1970=100%

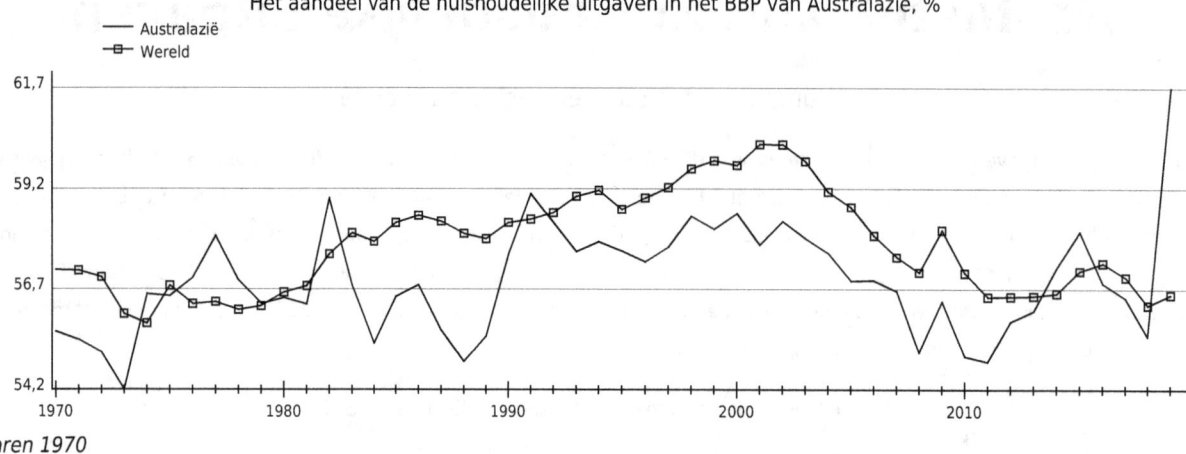

Het aandeel van de huishoudelijke uitgaven in het BBP van Australazië, %

de jaren 1970

De huishoudelijke uitgaven van Australazië bedroeg in de jaren 1970 US$62,3 miljard per jaar. Het aandeel in de wereld was 1,7%, en 96,1% in Oceanië.

Het aandeel van de huishoudelijke uitgaven in het BBP van Australazië was 56,4% in de jaren 1970, en was vergelijkbaar met IJsland (56,4%), de Wereld (56,4%), Oceanië (56,3%).

De huishoudelijke uitgaven per hoofd in Australazië was $3.736,6 in de jaren 1970s, en was vergelijkbaar met de Nederland (US$3,7 duizend), Groenland (US$3,7 duizend). De huishoudelijke uitgaven per hoofd in Australazië was in 4,1 keer hoger dan de huishoudelijke uitgaven per hoofd van de bevolking in de wereld ($914,8), en was 23,0% hoger dan de huishoudelijke uitgaven per hoofd van de bevolking in Oceanië ($914,8).

De groei van de huishoudelijke uitgaven in Australazië bedroeg 3.1% in de jaren 1970, en was vergelijkbaar met Myanmar (3,1%), Oceanië (3,1%), de Salomonseilanden (3,1%). De groei van de huishoudelijke uitgaven in Australazië (3,1%) was minder dan de groei van de huishoudelijke uitgaven in de wereld (4,1%), was minder dan de groei van de huishoudelijke uitgaven in Oceanië (3,1%).

Vergelijking met subregio's. De huishoudelijke uitgaven van Australazië was groter dan in Melanesië (US$1,9 miljard), in Polynesië (US$498,6 miljoen) en in Micronesië (US$95,1 miljoen). De huishoudelijke uitgaven per hoofd in Australazië was in Australazië groter dan in Polynesië (US$1.265,9), in Micronesië (US$581,2) en in Melanesië (US$467,9). De groei van de huishoudelijke uitgaven in Australazië was groter dan in Micronesië (2,9%); maar minder dan in Polynesië (3,6%) en in Melanesië (3,4%).

Leiders. De huishoudelijke uitgaven van Australazië in de jaren 1970 bestond uit: Australië (87,2%), Nieuw-Zeeland (12,8%). Het aandeel van de huishoudelijke uitgaven in BBP van de leiders: Nieuw-Zeeland (59,9%) en Australië (55,9%). De huishoudelijke uitgaven per hoofd in Australazië onder de leiders: Australië ($3.978,3) en Nieuw-Zeeland ($2.643,8). De groei van de huishoudelijke uitgaven onder de leiders: Australië (3,4%) en Nieuw-Zeeland (1,5%).

de jaren 1980

De huishoudelijke uitgaven van Australazië bedroeg in de jaren 1980 US$139,3 miljard per jaar, en was vergelijkbaar met Mexico (US$139,1 miljard), Zuidoost-Azië (US$142,0 miljard). Het aandeel in de wereld was 1,6%, en 96,2% in Oceanië.

Het aandeel van de huishoudelijke uitgaven in het BBP van Australazië was 56,2% in de jaren 1980, en was vergelijkbaar met Oceanië (56,2%), Zuidoost-Azië (56,2%), Papoea-Nieuw-Guinea (56,3%).

De huishoudelijke uitgaven per hoofd in Australazië was $7.392,2 in de jaren 1980s, en was vergelijkbaar met Duitsland (US$7,4 duizend), het Verenigd Koninkrijk (US$7,4 duizend), West-Europa (US$7,4 duizend). De huishoudelijke uitgaven per hoofd in Australazië was in 4,1 keer hoger dan de huishoudelijke uitgaven per hoofd van de bevolking in de wereld ($1.808,0), en was 26,5% hoger dan de huishoudelijke uitgaven per hoofd van de bevolking in Oceanië ($1.808,0).

De groei van de huishoudelijke uitgaven in Australazië bedroeg 3.1% in de jaren 1980, en was vergelijkbaar met Oeganda (3,0%), de Sovjet-Unie (3,0%), Oceanië (3,1%). De groei van de huishoudelijke uitgaven in Australazië (3,1%) was groter dan de groei van de huishoudelijke uitgaven in de wereld (3,0%), was minder dan de groei van de huishoudelijke uitgaven in Oceanië (3,1%).

Vergelijking met subregio's. De huishoudelijke uitgaven van Australazië was groter dan in Melanesië (US$4,0 miljard), in Polynesië

(US$1,3 miljard) en in Micronesië (US$238,8 miljoen). De huishoudelijke uitgaven per hoofd in Australazië was in Australazië groter dan in Polynesië (US$2,8 duizend), in Micronesië (US$1.149,8) en in Melanesië (US$755,0). De groei van de huishoudelijke uitgaven in Australazië was groter dan in Melanesië (3,0%); maar minder dan in Polynesië (3,7%) en in Micronesië (3,6%).

Leiders. De huishoudelijke uitgaven van Australazië in de jaren 1980 bestond uit: Australië (87,3%), Nieuw-Zeeland (12,7%). Het aandeel van de huishoudelijke uitgaven in BBP van de leiders: Nieuw-Zeeland (57,6%) en Australië (56,0%). De huishoudelijke uitgaven per hoofd in Australazië onder de leiders: Australië ($7.802,1) en Nieuw-Zeeland ($5.428,2). De groei van de huishoudelijke uitgaven onder de leiders: Australië (3,2%) en Nieuw-Zeeland (1,9%).

de jaren 1990

De huishoudelijke uitgaven van Australazië bedroeg in de jaren 1990 US$248,4 miljard per jaar. Het aandeel in de wereld was 1,5%, en 96,2% in Oceanië.

Het aandeel van de huishoudelijke uitgaven in het BBP van Australazië was 58,0% in de jaren 1990, en was vergelijkbaar met Oceanië (57,9%), IJsland (58,1%), Libië (58,1%).

De huishoudelijke uitgaven per hoofd in Australazië was $11.543,8 in de jaren 1990s. De huishoudelijke uitgaven per hoofd in Australazië was in 3,9 keer hoger dan de huishoudelijke uitgaven per hoofd van de bevolking in de wereld ($2.963,9), en was 29,3% hoger dan de huishoudelijke uitgaven per hoofd van de bevolking in Oceanië ($2.963,9).

De groei van de huishoudelijke uitgaven in Australazië bedroeg 3.2% in de jaren 1990, en was vergelijkbaar met Kenia (3,2%), Polen (3,2%), Irak (3,2%). De groei van de huishoudelijke uitgaven in Australazië (3,2%) was groter dan de groei van de huishoudelijke uitgaven in de wereld (3,0%), was minder dan de groei van de huishoudelijke uitgaven in Oceanië (3,2%).

Vergelijking met subregio's. De huishoudelijke uitgaven van Australazië was groter dan in Melanesië (US$6,8 miljard), in Polynesië (US$2,5 miljard) en in Micronesië (US$418,7 miljoen). De huishoudelijke uitgaven per hoofd in Australazië was in Australazië groter dan in Polynesië (US$4,8 duizend), in Micronesië (US$1.616,0) en in Melanesië (US$1.031,8). De groei van de huishoudelijke uitgaven in Australazië was groter dan in Polynesië (1,8%) en in Micronesië (0,21%); maar minder dan in Melanesië (4,9%).

Leiders. De huishoudelijke uitgaven van Australazië in de jaren 1990 bestond uit: Australië (87,0%), Nieuw-Zeeland (13,0%). Het aandeel van de huishoudelijke uitgaven in BBP van de leiders: Nieuw-Zeeland (58,9%) en Australië (57,8%). De huishoudelijke uitgaven per hoofd in Australazië onder de leiders: Australië ($12.076,0) en Nieuw-Zeeland ($8.919,2). De groei van de huishoudelijke uitgaven onder de leiders: Australië (3,3%) en Nieuw-Zeeland (2,6%).

de jaren 2000

De huishoudelijke uitgaven van Australazië bedroeg in de jaren 2000 US$460,2 miljard per jaar. Het aandeel in de wereld was 1,7%, en 96,9% in Oceanië.

Het aandeel van de huishoudelijke uitgaven in het BBP van Australazië was 56,9% in de jaren 2000, en was vergelijkbaar met Oceanië (57,0%), Australië (56,8%), Zuidoost-Azië (57,1%).

De huishoudelijke uitgaven per hoofd in Australazië was $18.954,5 in de jaren 2000s, en was vergelijkbaar met de Verenigde Arabische Emiraten (US$18,9 duizend), Duitsland (US$18,9 duizend), Canada (US$19,0 duizend). De huishoudelijke uitgaven per hoofd in Australazië was in 4,5 keer hoger dan de huishoudelijke uitgaven per hoofd van de bevolking in de wereld ($4.208,2), en was 33,0% hoger dan de huishoudelijke uitgaven per hoofd van de bevolking in Oceanië ($4.208,2).

De groei van de huishoudelijke uitgaven in Australazië bedroeg 3.7% in de jaren 2000, en was vergelijkbaar met Oceanië (3,6%), Trinidad en Tobago (3,6%), Bosnië en Herzegovina (3,7%). De groei van de huishoudelijke uitgaven in Australazië (3,7%) was groter dan de groei van de huishoudelijke uitgaven in de wereld (3,0%), was groter dan de groei van de huishoudelijke uitgaven in Oceanië (3,6%).

Vergelijking met subregio's. De huishoudelijke uitgaven van Australazië was groter dan in Melanesië (US$10,0 miljard), in Polynesië (US$4,0 miljard) en in Micronesië (US$526,9 miljoen). De huishoudelijke uitgaven per hoofd in Australazië was in Australazië groter dan in Polynesië (US$7,2 duizend), in Micronesië (US$1.873,3) en in Melanesië (US$1.218,5). De groei van de huishoudelijke uitgaven in Australazië was groter dan in Polynesië (3,4%), in Melanesië (2,3%) en in Micronesië (-1,1%).

Leiders. De huishoudelijke uitgaven van Australazië in de jaren 2000 bestond uit: Australië (87,8%), Nieuw-Zeeland (12,2%). Het aandeel van de huishoudelijke uitgaven in BBP van de leiders: Nieuw-Zeeland (57,7%) en Australië (56,8%). De huishoudelijke uitgaven per hoofd in Australazië onder de leiders: Australië ($20.013,7) en Nieuw-Zeeland ($13.739,7). De groei van de huishoudelijke uitgaven onder de leiders: Australië (3,7%) en Nieuw-Zeeland (3,3%).

de jaren 2010

De huishoudelijke uitgaven van Australazië bedroeg in de jaren 2010 US$915,5 miljard per jaar, en was vergelijkbaar met Rusland (US$914,4 miljard), Centraal-Amerika (US$935,5 miljard). Het aandeel in de wereld was 2,1%, en 96,9% in Oceanië.

Het aandeel van de huishoudelijke uitgaven in het BBP van Australazië was 56,8% in de jaren 2010, en was vergelijkbaar met de Wereld (56,8%), Noord-Europa (56,6%), Oceanië (56,9%).

De huishoudelijke uitgaven per hoofd in Australazië was $32.329,7 in de jaren 2010s. De huishoudelijke uitgaven per hoofd in Australazië was in 5,4 keer hoger dan de huishoudelijke uitgaven per hoofd van de bevolking in de wereld ($6.018,5), en was 34,4% hoger dan de huishoudelijke uitgaven per hoofd van de bevolking in Oceanië ($6.018,5).

De groei van de huishoudelijke uitgaven in Australazië bedroeg 2.2% in de jaren 2010, en was vergelijkbaar met El Salvador (2,2%), Montenegro (2,2%). De groei van de huishoudelijke uitgaven in Australazië (2,2%) was minder dan de groei van de huishoudelijke uitgaven in de wereld (2,8%), was minder dan de groei van de huishoudelijke uitgaven in Oceanië (2,3%).

Vergelijking met subregio's. De huishoudelijke uitgaven van Australazië was 40,0 keer groter dan in Melanesië (US$22,9 miljard), 176,0 keer groter dan in Polynesië (US$5,2 miljard) en 1.080,2 keer groter dan in Micronesië (US$847,5 miljoen). De huishoudelijke uitgaven per hoofd in Australazië was in Australazië3,7 keer groter dan in Polynesië (US$8,7 duizend), 11,6 keer groter dan in Micronesië (US$2,8 duizend) en 14,2 keer groter dan in Melanesië (US$2,3 duizend). De groei van de huishoudelijke uitgaven in Australazië was groter dan in Polynesië (1,2%); maar minder dan in Melanesië (7,2%) en in Micronesië (2,2%).

Leiders. De huishoudelijke uitgaven van Australazië in de jaren 2010 bestond uit: Australië (86,9%), Nieuw-Zeeland (13,1%). Het aandeel van de huishoudelijke uitgaven in BBP van de leiders: Nieuw-Zeeland (64,2%) en Australië (55,8%). De huishoudelijke uitgaven per hoofd in Australazië onder de leiders: Australië ($33.523,1) en Nieuw-Zeeland ($26.152,0). De groei van de huishoudelijke uitgaven onder de leiders: Nieuw-Zeeland (3,5%) en Australië (2,0%).

Hoofdstuk XIV. Voedsel consumptie

Tijdens de onderzoeksperiode groeide de voedselconsumptie in noten (in 5,5 keer), specerijen (in 3,4 keer), plantaardige oliën (in 3,0 keer), vis (met 87,0%), stimulerende middelen (met 61,2%), groenten (met 47,2%), fruit (met 14,0%), zetmeelrijke wortels (met 13,8%), maar daalde in vlees (met 1,0%), granen (met 3,3%), melk (met 8,4%), suiker (met 13,2%), peulvruchten (met 22,1%), alcoholische dranken (met 40,7%), eieren (met 67,0%).

Dit zijn de correlatiecoëfficiënten tussen het bni per hoofd van de bevolking in constante prijzen en de voedselconsumptie: noten (0.993), specerijen (0.98), stimulerende middelen (0.957), vis (0.956), plantaardige oliën (0.945), groenten (0.881), fruit (0.728), zetmeelrijke wortels (0.499), vlees (0.194), granen (-0.492), peulvruchten (-0.555), melk (-0.738), suiker (-0.767), eieren (-0.802), alcoholische dranken (-0.927).

de jaren 1970

De consumptie van kcal in Australazië was 3.096,6 kcal/hoofd/dag in the 1970s, and was on a par with Australië (3.098,9 kcal/hoofd/dag), de Verenigde Staten (3.091,4 kcal/hoofd/dag), Noorwegen (3.102,2 kcal/hoofd/dag). De consumptie van kcal in Australazië was groter dan in de wereld (2.403,2 kcal/hoofd/dag), en was groter dan in Oceanië (3.054,0 kcal/hoofd/dag). De structuur van de consumptie: granen (23.7%), suiker (16.9%), vlees (16.3%), melk (10.8%), alcoholische dranken (5.6%), en anderen (26.7%).

De consumptie van eiwitten in Australazië was 107,1 g/hoofd/dag in the 1970s, and was on a par with Australië (108,2 g/hoofd/dag). De consumptie van eiwitten in Australazië was groter dan in de wereld (65,0 g/hoofd/dag), en was groter dan in Oceanië (103,8 g/hoofd/dag). De structuur van de consumptie: vlees (37.7%), granen (22.7%), melk (18.3%), eieren (3.5%), vis (3%), en anderen (14.8%).

De consumptie van vet in Australazië was 114,6 g/hoofd/dag in the 1970s. De consumptie van vet in Australazië was groter dan in de wereld (55,1 g/hoofd/dag), en was groter dan in Oceanië (112,0 g/hoofd/dag). De structuur van de consumptie: vlees (32%), plantaardige oliën (16.6%), melk (15.1%), eieren (3%), granen (2.4%), en anderen (30.9%).

Dit zijn niveaus van voedselconsumptie: melk (231,9 kg/hoofd/jr), alcoholische dranken (144,2 kg/hoofd/jr), vlees (116,2 kg/hoofd/jr), granen (93,1 kg/hoofd/jr), fruit (82,8 kg/hoofd/jr), groenten (70,4 kg/hoofd/jr), suiker (54,4 kg/hoofd/jr), zetmeelrijke wortels (49,9 kg/hoofd/jr), vis (13,9 kg/hoofd/jr), eieren (12,8 kg/hoofd/jr), plantaardige oliën (7,0 kg/hoofd/jr), stimulerende middelen (4,9 kg/hoofd/jr), peulvruchten (2,0 kg/hoofd/jr), noten (1,3 kg/hoofd/jr), specerijen (0,18 kg/hoofd/jr).

de jaren 1980

De consumptie van kcal in Australazië was 3.089,1 kcal/hoofd/dag in the 1980s, and was on a par with Australië (3.091,6 kcal/hoofd/dag), Hongkong (3.078,7 kcal/hoofd/dag), Malta (3.099,7 kcal/hoofd/dag). De consumptie van kcal in Australazië was groter dan in de wereld (2.572,3 kcal/hoofd/dag), en was groter dan in Oceanië (3.045,2 kcal/hoofd/dag). De structuur van de consumptie: granen (22.9%), suiker (15.8%), vlees (15.2%), melk (11%), plantaardige oliën (8.8%), en anderen (26.3%).

De consumptie van eiwitten in Australazië was 104,8 g/hoofd/dag in the 1980s, and was on a par with de Sovjet-Unie (105,0 g/hoofd/dag), Bermuda (104,5 g/hoofd/dag), Turkije (104,1 g/hoofd/dag). De consumptie van eiwitten in Australazië was groter dan in de wereld (69,1 g/hoofd/dag), en was groter dan in Oceanië (101,6 g/hoofd/dag). De structuur van de consumptie: vlees (36.1%), granen (22.2%), melk (18.6%), vis (3.8%), eieren (3.1%), en anderen (16.2%).

De consumptie van vet in Australazië was 118,9 g/hoofd/dag in the 1980s, and was on a par with Europa (119,5 g/hoofd/dag), Australië (117,9 g/hoofd/dag). De consumptie van vet in Australazië was groter dan in de wereld (63,2 g/hoofd/dag), en was groter dan in Oceanië (116,3 g/hoofd/dag). De structuur van de consumptie: vlees (28.8%), plantaardige oliën (25.9%), melk (15.9%), eieren (2.5%), granen (2.3%), en anderen (24.6%).

Dit zijn niveaus van voedselconsumptie: melk (230,1 kg/hoofd/jr), alcoholische dranken (140,5 kg/hoofd/jr), vlees (109,5 kg/hoofd/jr), granen (89,8 kg/hoofd/jr), fruit (88,9 kg/hoofd/jr), groenten (79,0 kg/hoofd/jr), zetmeelrijke wortels (55,1 kg/hoofd/jr), suiker (51,0 kg/hoofd/jr), vis (16,7 kg/hoofd/jr), plantaardige oliën (11,5 kg/hoofd/jr), eieren (11,2 kg/hoofd/jr), stimulerende middelen (5,5 kg/hoofd/jr), peulvruchten (4,5 kg/hoofd/jr), noten (1,7 kg/hoofd/jr), specerijen (0,19 kg/hoofd/jr).

de jaren 1990

De consumptie van kcal in Australazië was 3.102,7 kcal/hoofd/dag in the 1990s, and was on a par with IJsland (3.101,8 kcal/hoofd/dag), Finland (3.101,7 kcal/hoofd/dag), Argentinië (3.114,8 kcal/hoofd/dag). De consumptie van kcal in Australazië was groter dan in de wereld (2.652,6 kcal/hoofd/dag), en was groter dan in Oceanië (3.065,5 kcal/hoofd/dag). De structuur van de consumptie: granen (23%), vlees (15.2%), suiker (14.6%), plantaardige oliën (12.1%), melk (10.5%), en anderen (24.6%).

De consumptie van eiwitten in Australazië was 103,7 g/hoofd/dag in the 1990s, and was on a par with de Nederland (103,3 g/hoofd/dag), Oostenrijk (103,0 g/hoofd/dag). De consumptie van eiwitten in Australazië was groter dan in de wereld (72,1 g/hoofd/dag), en was groter dan in Oceanië (100,9 g/hoofd/dag). De structuur van de consumptie: vlees (36%), granen (22.8%), melk (18%), vis (4.7%), groenten (2.9%), en anderen (15.6%).

De consumptie van vet in Australazië was 127,0 g/hoofd/dag in the 1990s, and was on a par with Finland (126,9 g/hoofd/dag), Australië (127,8 g/hoofd/dag), Hongarije (127,9 g/hoofd/dag). De consumptie van vet in Australazië was groter dan in de wereld (69,0 g/hoofd/dag), en was groter dan in Oceanië (124,1 g/hoofd/dag). De structuur van de consumptie: plantaardige oliën (33.5%), vlees (27.2%), melk (14.2%), granen (2.2%), eieren (1.7%), en anderen (21.2%).

Dit zijn niveaus van voedselconsumptie: melk (220,7 kg/hoofd/jr), alcoholische dranken (116,6 kg/hoofd/jr), vlees (109,3 kg/hoofd/jr), groenten (96,9 kg/hoofd/jr), fruit (91,5 kg/hoofd/jr), granen (89,0 kg/hoofd/jr), zetmeelrijke wortels (61,0 kg/hoofd/jr), suiker (48,0 kg/hoofd/jr), vis (20,7 kg/hoofd/jr), plantaardige oliën (15,7 kg/hoofd/jr), eieren (7,9 kg/hoofd/jr), stimulerende middelen (5,9 kg/hoofd/jr), noten (2,8 kg/hoofd/jr), peulvruchten (2,7 kg/hoofd/jr), specerijen (0,24 kg/hoofd/jr).

de jaren 2000

De consumptie van kcal in Australazië was 3.119,9 kcal/hoofd/dag in the 2000s, and was on a par with Zweden (3.118,3 kcal/hoofd/dag), Zuid-Korea (3.115,7 kcal/hoofd/dag), Argentinië (3.114,2 kcal/hoofd/dag). De consumptie van kcal in Australazië was groter dan in de wereld (2.765,9 kcal/hoofd/dag), en was groter dan in Oceanië (3.090,9 kcal/hoofd/dag). De structuur van de consumptie: granen (22.9%), vlees (15.1%), plantaardige oliën (14.1%), suiker (14%), melk (8.8%), en anderen (25.1%).

De consumptie van eiwitten in Australazië was 102,5 g/hoofd/dag in the 2000s, and was on a par with het Verenigd Koninkrijk (102,5 g/hoofd/dag), Turkije (102,8 g/hoofd/dag), Oostenrijk (103,4 g/hoofd/dag). De consumptie van eiwitten in Australazië was groter dan in de wereld (76,5 g/hoofd/dag), en was groter dan in Oceanië (100,0 g/hoofd/dag). De structuur van de consumptie: vlees (37%), granen (23.1%), melk (15.9%), vis (5.8%), groenten (3.2%), en anderen (15%).

De consumptie van vet in Australazië was 133,6 g/hoofd/dag in the 2000s, and was on a par with Ierland (133,0 g/hoofd/dag), Noord-Europa (134,4 g/hoofd/dag). De consumptie van vet in Australazië was groter dan in de wereld (76,9 g/hoofd/dag), en was groter dan in Oceanië (130,3 g/hoofd/dag). De structuur van de consumptie: plantaardige oliën (37.2%), vlees (25.5%), melk (12.5%), noten (2.3%), granen (2.1%), en anderen (20.4%).

Dit zijn niveaus van voedselconsumptie: melk (197,9 kg/hoofd/jr), vlees (112,2 kg/hoofd/jr), alcoholische dranken (106,7 kg/hoofd/jr), groenten (104,1 kg/hoofd/jr), fruit (102,6 kg/hoofd/jr), granen (87,8 kg/hoofd/jr), zetmeelrijke wortels (58,5 kg/hoofd/jr), suiker (48,7 kg/hoofd/jr), vis (24,8 kg/hoofd/jr), plantaardige oliën (18,7 kg/hoofd/jr), eieren (6,4 kg/hoofd/jr), stimulerende middelen (6,1 kg/hoofd/jr), noten (5,4 kg/hoofd/jr), peulvruchten (1,6 kg/hoofd/jr), specerijen (0,39 kg/hoofd/jr).

de jaren 2010

De consumptie van kcal in Australazië was 3.227,8 kcal/hoofd/dag in the 2010s, and was on a par with Algerije (3.231,8 kcal/hoofd/dag), de Verenigde Arabische Emiraten (3.220,3 kcal/hoofd/dag), Amerika (3.219,3 kcal/hoofd/dag). De consumptie van kcal in Australazië was groter dan in de wereld (2.869,3 kcal/hoofd/dag), en was groter dan in Oceanië (3.193,3 kcal/hoofd/dag). De structuur van de consumptie: granen (23%), plantaardige oliën (15.3%), vlees (14.5%), suiker (12.9%), melk (9.2%), en anderen (25.1%).

De consumptie van eiwitten in Australazië was 103,3 g/hoofd/dag in the 2010s, and was on a par with Egypte (103,1 g/hoofd/dag), het Verenigd Koninkrijk (102,9 g/hoofd/dag), Oostenrijk (103,7 g/hoofd/dag). De consumptie van eiwitten in Australazië was groter dan in de wereld (80,6 g/hoofd/dag), en was groter dan in Oceanië (100,9 g/hoofd/dag). De structuur van de consumptie: vlees (37.3%), granen (21.1%), melk (17.1%), vis (6.1%), groenten (3.2%), en anderen (15.2%).

De consumptie van vet in Australazië was 144,3 g/hoofd/dag in the 2010s, and was on a par with Duitsland (144,0 g/hoofd/dag), Spanje (144,0 g/hoofd/dag). De consumptie van vet in Australazië was groter dan in de wereld (82,4 g/hoofd/dag), en was groter dan in

Oceanië (140,2 g/hoofd/dag). De structuur van de consumptie: plantaardige oliën (38.6%), vlees (23.4%), melk (12.2%), noten (2.8%), granen (1.9%), en anderen (21.1%).

Dit zijn niveaus van voedselconsumptie: melk (213,9 kg/hoofd/jr), vlees (115,0 kg/hoofd/jr), groenten (103,6 kg/hoofd/jr), alcoholische dranken (102,5 kg/hoofd/jr), fruit (94,4 kg/hoofd/jr), granen (90,1 kg/hoofd/jr), zetmeelrijke wortels (56,8 kg/hoofd/jr), suiker (48,0 kg/hoofd/jr), vis (26,0 kg/hoofd/jr), plantaardige oliën (20,9 kg/hoofd/jr), stimulerende middelen (7,9 kg/hoofd/jr), eieren (7,6 kg/hoofd/jr), noten (7,0 kg/hoofd/jr), peulvruchten (1,7 kg/hoofd/jr), specerijen (0,61 kg/hoofd/jr).

Part V. Reproductie

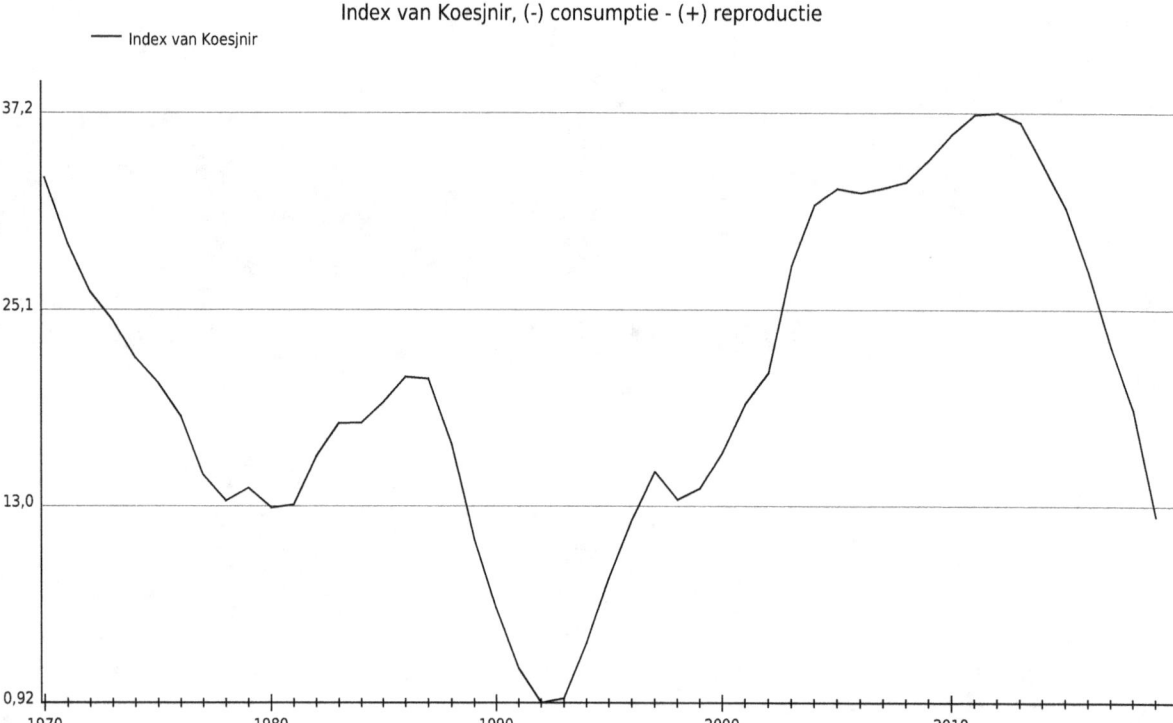

Index van Koesjnir, (-) consumptie - (+) reproductie

Hoofdstuk XV. Bruto-investeringen in vaste activa

De bruto-investeringen in vaste activa van Australazië steeg van US$29,6 miljard per jaar in de jaren 1970 tot US$404,2 miljard per jaar in de jaren 2010, dat wil zeggen met US$374,6 miljard of 13,7 keer. De verandering vond plaats op US$254,8 miljard als gevolg van een 2,7-voudige stijging van de prijzen, en ook op US$99,2 miljard als gevolg van een 3,0-voudige toename van het tarief per hoofd , evenals op US$20,6 miljard als gevolg van de toename van de bevolking. De gemiddelde jaarlijkse groei van de investeringen in vaste activa is 3,6%. De minimumwaarde van de investeringen in vaste activa bedroeg US$15,4 miljard in 1970. De maximumwaarde van de investeringen in vaste activa bedroeg US$479,4 miljard in 2012.

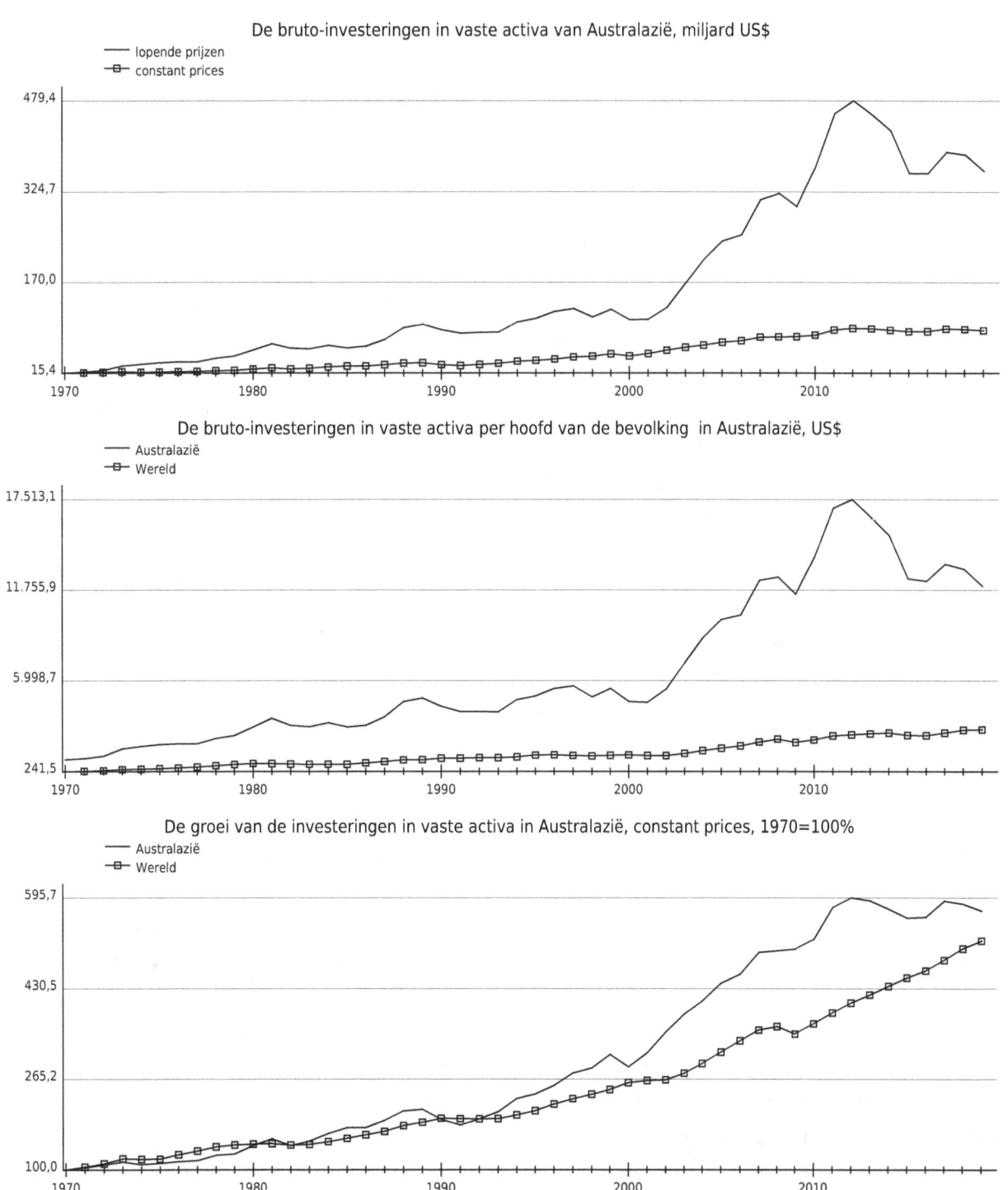

De bruto-investeringen in vaste activa van Australazië, miljard US$

De bruto-investeringen in vaste activa per hoofd van de bevolking in Australazië, US$

De groei van de investeringen in vaste activa in Australazië, constant prices, 1970=100%

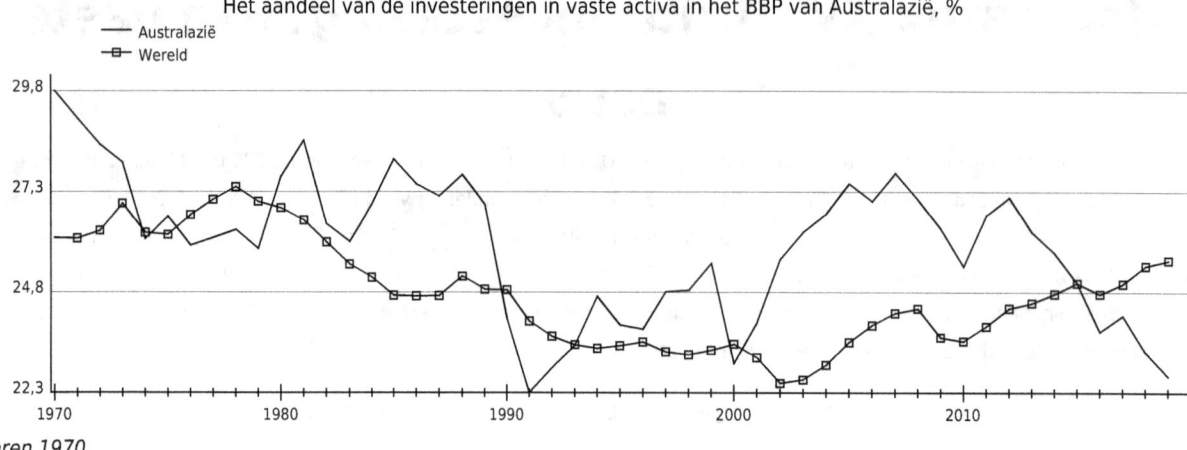

Het aandeel van de investeringen in vaste activa in het BBP van Australazië, %

de jaren 1970

De investeringen in vaste activa van Australazië bedroeg in de jaren 1970 US$29,6 miljard per jaar. Het aandeel in de wereld was 1,7%, en 96,5% in Oceanië.

Het aandeel van de investeringen in vaste activa in het BBP van Australazië was 26,8% in de jaren 1970, en was vergelijkbaar met Thailand (26,8%), de Wereld (26,7%), Belize (26,6%).

De investeringen in vaste activa per hoofd in Australazië was $1.773,9 in de jaren 1970s, en was vergelijkbaar met de Verenigde Staten (US$1.750,0), Noord-Amerika (US$1.744,0). De bruto-investeringen in vaste activa per hoofd in Australazië was in 4,1 keer hoger dan de investeringen in vaste activa per hoofd van de bevolking in de wereld ($433,5), en was 23,4% hoger dan de investeringen in vaste activa per hoofd van de bevolking in Oceanië ($433,5).

De groei van de investeringen in vaste activa in Australazië bedroeg 2.8% in de jaren 1970, en was vergelijkbaar met Zuid-Europa (2,8%). De groei van de investeringen in vaste activa in Australazië (2,8%) was minder dan de groei van de investeringen in vaste activa in de wereld (4,2%), was groter dan de groei van de investeringen in vaste activa in Oceanië (2,6%).

Vergelijking met subregio's. De bruto-investeringen in vaste activa van Australazië was groter dan in Melanesië (US$793,4 miljoen), in Polynesië (US$268,7 miljoen) en in Micronesië (US$26,9 miljoen). De investeringen in vaste activa per hoofd in Australazië was in Australazië groter dan in Polynesië (US$682,2), in Melanesië (US$193,5) en in Micronesië (US$164,8). De groei van de investeringen in vaste activa in Australazië was groter dan in Melanesië (-4,0%); maar minder dan in Micronesië (8,3%) en in Polynesië (6,3%).

Leiders. De bruto-investeringen in vaste activa van Australazië in de jaren 1970 bestond uit: Australië (88,8%), Nieuw-Zeeland (11,2%). Het aandeel van de investeringen in vaste activa in BBP van de leiders: Australië (27,0%) en Nieuw-Zeeland (24,8%). De investeringen in vaste activa per hoofd in Australazië onder de leiders: Australië ($1.923,9) en Nieuw-Zeeland ($1.095,9). De groei van de investeringen in vaste activa onder de leiders: Australië (3,0%) en Nieuw-Zeeland (1,5%).

de jaren 1980

De bruto-investeringen in vaste activa van Australazië bedroeg in de jaren 1980 US$67,6 miljard per jaar. Het aandeel in de wereld was 1,8%, en 96,5% in Oceanië.

Het aandeel van de investeringen in vaste activa in het BBP van Australazië was 27,3% in de jaren 1980, en was vergelijkbaar met Oceanië (27,2%), Djibouti (27,1%), de Comoren (27,5%).

De investeringen in vaste activa per hoofd in Australazië was $3.588,9 in de jaren 1980s. De investeringen in vaste activa per hoofd in Australazië was in 4,5 keer hoger dan de investeringen in vaste activa per hoofd van de bevolking in de wereld ($790,9), en was 27,0% hoger dan de investeringen in vaste activa per hoofd van de bevolking in Oceanië ($790,9).

De groei van de investeringen in vaste activa in Australazië bedroeg 5% in de jaren 1980, en was vergelijkbaar met Swaziland (5,0%), Bermuda (5,0%). De groei van de investeringen in vaste activa in Australazië (5,0%) was groter dan de groei van de investeringen in vaste activa in de wereld (2,5%), was groter dan de groei van de investeringen in vaste activa in Oceanië (4,9%).

Vergelijking met subregio's. De bruto-investeringen in vaste activa van Australazië was groter dan in Melanesië (US$1,6 miljard), in Polynesië (US$780,3 miljoen) en in Micronesië (US$84,4 miljoen). De investeringen in vaste activa per hoofd in Australazië was in

Australazië groter dan in Polynesië (US$1.720,5), in Micronesië (US$406,5) en in Melanesië (US$295,1). De groei van de investeringen in vaste activa in Australazië was groter dan in Micronesië (4,1%), in Polynesië (3,5%) en in Melanesië (1,5%).

Leiders. De bruto-investeringen in vaste activa van Australazië in de jaren 1980 bestond uit: Australië (89,3%), Nieuw-Zeeland (10,7%). Het aandeel van de investeringen in vaste activa in BBP van de leiders: Australië (27,8%) en Nieuw-Zeeland (23,7%). De investeringen in vaste activa per hoofd in Australazië onder de leiders: Australië ($3.872,3) en Nieuw-Zeeland ($2.230,7). De groei van de investeringen in vaste activa onder de leiders: Nieuw-Zeeland (6,3%) en Australië (4,9%).

de jaren 1990

De investeringen in vaste activa van Australazië bedroeg in de jaren 1990 US$103,3 miljard per jaar. Het aandeel in de wereld was 1,5%, en 96,8% in Oceanië.

Het aandeel van de investeringen in vaste activa in het BBP van Australazië was 24,1% in de jaren 1990, en was vergelijkbaar met Colombia (24,0%), Vietnam (24,2%), Tunesië (24,2%).

De investeringen in vaste activa per hoofd in Australazië was $4.800,4 in de jaren 1990s, en was vergelijkbaar met de Bahama's (US$4,7 duizend). De investeringen in vaste activa per hoofd in Australazië was in 4,1 keer hoger dan de investeringen in vaste activa per hoofd van de bevolking in de wereld ($1.183,8), en was 30,1% hoger dan de investeringen in vaste activa per hoofd van de bevolking in Oceanië ($1.183,8).

De groei van de investeringen in vaste activa in Australazië bedroeg 4% in de jaren 1990, en was vergelijkbaar met Australië (4,0%), Lesotho (4,0%). De groei van de investeringen in vaste activa in Australazië (4,0%) was groter dan de groei van de investeringen in vaste activa in de wereld (2,8%), was groter dan de groei van de investeringen in vaste activa in Oceanië (3,9%).

Vergelijking met subregio's. De investeringen in vaste activa van Australazië was groter dan in Melanesië (US$2,3 miljard), in Polynesië (US$886,6 miljoen) en in Micronesië (US$138,8 miljoen). De investeringen in vaste activa per hoofd in Australazië was in Australazië groter dan in Polynesië (US$1.739,3), in Micronesië (US$535,8) en in Melanesië (US$352,6). De groei van de investeringen in vaste activa in Australazië was groter dan in Melanesië (2,2%), in Polynesië (-1,5%) en in Micronesië (-1,6%).

Leiders. De bruto-investeringen in vaste activa van Australazië in de jaren 1990 bestond uit: Australië (88,9%), Nieuw-Zeeland (11,1%). Het aandeel van de investeringen in vaste activa in BBP van de leiders: Australië (24,6%) en Nieuw-Zeeland (20,9%). De investeringen in vaste activa per hoofd in Australazië onder de leiders: Australië ($5.131,6) en Nieuw-Zeeland ($3.167,3). De groei van de investeringen in vaste activa onder de leiders: Australië (4,0%) en Nieuw-Zeeland (3,9%).

de jaren 2000

De investeringen in vaste activa van Australazië bedroeg in de jaren 2000 US$214,3 miljard per jaar, en was vergelijkbaar met Oceanië (US$219,8 miljard). Het aandeel in de wereld was 1,9%, en 97,5% in Oceanië.

Het aandeel van de investeringen in vaste activa in het BBP van Australazië was 26,5% in de jaren 2000, en was vergelijkbaar met Singapore (26,5%), Zwitserland (26,6%), Honduras (26,6%).

De investeringen in vaste activa per hoofd in Australazië was $8.825,6 in de jaren 2000s, en was vergelijkbaar met de Nederland (US$8,7 duizend), Oostenrijk (US$8,7 duizend), Finland (US$8,7 duizend). De bruto-investeringen in vaste activa per hoofd in Australazië was in 5,2 keer hoger dan de investeringen in vaste activa per hoofd van de bevolking in de wereld ($1.690,7), en was 33,8% hoger dan de investeringen in vaste activa per hoofd van de bevolking in Oceanië ($1.690,7).

De groei van de investeringen in vaste activa in Australazië bedroeg 4.9% in de jaren 2000, en was vergelijkbaar met Maleisië (4,9%), Oceanië (5,0%). De groei van de investeringen in vaste activa in Australazië (4,9%) was groter dan de groei van de investeringen in vaste activa in de wereld (3,5%), was minder dan de groei van de investeringen in vaste activa in Oceanië (5,0%).

Vergelijking met subregio's. De investeringen in vaste activa van Australazië was groter dan in Melanesië (US$3,9 miljard), in Polynesië (US$1,4 miljard) en in Micronesië (US$237,7 miljoen). De investeringen in vaste activa per hoofd in Australazië was in Australazië groter dan in Polynesië (US$2,4 duizend), in Micronesië (US$845,2) en in Melanesië (US$474,4). De groei van de investeringen in vaste activa in Australazië was groter dan in Micronesië (3,3%) en in Polynesië (0,90%); maar minder dan in Melanesië (8,4%).

Leiders. De bruto-investeringen in vaste activa van Australazië in de jaren 2000 bestond uit: Australië (89,6%), Nieuw-Zeeland (10,4%).

Het aandeel van de investeringen in vaste activa in BBP van de leiders: Australië (27,0%) en Nieuw-Zeeland (22,9%). De investeringen in vaste activa per hoofd in Australazië onder de leiders: Australië ($9.510,9) en Nieuw-Zeeland ($5.451,8). De groei van de investeringen in vaste activa onder de leiders: Australië (5,2%) en Nieuw-Zeeland (2,7%).

de jaren 2010

De bruto-investeringen in vaste activa van Australazië bedroeg in de jaren 2010 US$404,2 miljard per jaar, en was vergelijkbaar met Canada (US$400,6 miljard), Brazilië (US$398,0 miljard), Oceanië (US$413,9 miljard). Het aandeel in de wereld was 2,1%, en 97,6% in Oceanië.

Het aandeel van de investeringen in vaste activa in het BBP van Australazië was 25,1% in de jaren 2010, en was vergelijkbaar met Vietnam (25,1%), Guinee (25,2%), Saint Vincent en de Grenadines (25,2%).

De investeringen in vaste activa per hoofd in Australazië was $14.273,1 in de jaren 2010s. De investeringen in vaste activa per hoofd in Australazië was in 5,4 keer hoger dan de investeringen in vaste activa per hoofd van de bevolking in de wereld ($2.621,1), en was 35,4% hoger dan de investeringen in vaste activa per hoofd van de bevolking in Oceanië ($2.621,1).

De groei van de investeringen in vaste activa in Australazië bedroeg 1.3% in de jaren 2010, en was vergelijkbaar met Argentinië (1,3%). De groei van de investeringen in vaste activa in Australazië (1,3%) was minder dan de groei van de investeringen in vaste activa in de wereld (4,1%), was groter dan de groei van de investeringen in vaste activa in Oceanië (1,3%).

Vergelijking met subregio's. De bruto-investeringen in vaste activa van Australazië was 50,4 keer groter dan in Melanesië (US$8,0 miljard), 294,8 keer groter dan in Polynesië (US$1,4 miljard) en 1.191,1 keer groter dan in Micronesië (US$339,3 miljoen). De bruto-investeringen in vaste activa per hoofd in Australazië was in Australazië6,2 keer groter dan in Polynesië (US$2,3 duizend), 12,8 keer groter dan in Micronesië (US$1.116,5) en 17,9 keer groter dan in Melanesië (US$798,7). De groei van de investeringen in vaste activa in Australazië was groter dan in Polynesië (0,091%) en in Melanesië (-0,68%); maar minder dan in Micronesië (2,3%).

Leiders. De investeringen in vaste activa van Australazië in de jaren 2010 bestond uit: Australië (89,8%), Nieuw-Zeeland (10,2%). Het aandeel van de investeringen in vaste activa in BBP van de leiders: Australië (25,5%) en Nieuw-Zeeland (22,1%). De investeringen in vaste activa per hoofd in Australazië onder de leiders: Australië ($15.290,3) en Nieuw-Zeeland ($9.007,4). De groei van de investeringen in vaste activa onder de leiders: Nieuw-Zeeland (5,2%) en Australië (0,85%).

www.ingramcontent.com/pod-product-compliance
Lightning Source LLC
Chambersburg PA
CBHW080857220526
45467CB00008B/2536